NÓS e a ESCOLA

Dados Internacionais de Catalogação na Publicação (CIP)
(Câmara Brasileira do Livro, SP, Brasil)

Cortella, Mario Sergio
   Nós e a escola : agonias e alegrias /
Mario Sergio Cortella. – Petrópolis, RJ : Vozes, 2018.

Bibliografia.

1ª reimpressão, 2020.

ISBN 978-85-326-5739-8

1. Educação – Brasil 2. Pedagogia
3. Professores – Formação I. Título.

18-13021   CDD-370.981

Índices para catálogo sistemático:
1. Educação : Brasil   370.981

MARIO SERGIO CORTELLA

NÓS e a ESCOLA

AGONIAS E ALEGRIAS

{ EDIÇÃO AMPLIADA E RENOMEADA }

EDITORA VOZES
Petrópolis

© 2018, Editora Vozes Ltda.
Rua Frei Luís, 100
25689-900 Petrópolis, RJ
www.vozes.com.br
Brasil

Todos os direitos reservados. Nenhuma parte desta obra poderá ser reproduzida ou transmitida por qualquer forma e/ou quaisquer meios (eletrônico ou mecânico, incluindo fotocópia e gravação) ou arquivada em qualquer sistema ou banco de dados sem permissão escrita da editora.

CONSELHO EDITORIAL

Diretor
Gilberto Gonçalves Garcia

Editores
Aline dos Santos Carneiro
Edrian Josué Pasini
Marilac Loraine Oleniki
Welder Lancieri Marchini

Conselheiros
Francisco Morás
Ludovico Garmus
Teobaldo Heidemann
Volney J. Berkenbrock

Secretário executivo
João Batista Kreuch

Editor para autor: Paulo Jebaili
Diagramação: Sheilandre Desenv. Gráfico
Revisão gráfica: Fernando Sergio Olivetti da Rocha
Capa: Rafael Nicolaevsky
Foto de capa: Arquivo pessoal do autor.

ISBN 978-85-326-5739-8

Editado conforme o novo acordo ortográfico.

Esta obra teve duas edições pela Editora Vozes com o título *Pensatas pedagógicas – Nós e a escola: Agonias e alegrias*.

Este livro foi composto e impresso pela Editora Vozes Ltda.

SUMÁRIO

Na chegada, ainda mais..., 9

Docência, a que será que se destina?, 13

O risco do desencanto, 17

Loucos por gente, 20

Professores cheios de vida, 23

Somos todos amadores, 27

Antes que seja tarde, 30

No meio do caminho, 33

Respeito ao futuro, 36

Dia do Professor, sem cerimônia..., 39

Como voar fora da asa, 43

A memória como presente eterno, 46

Para além do fim, 49

Descansar não é vadiagem, 52

Gestão, liderança e ética, 55

Caminhos e escolhas, 58

Ilusão de ética, 61

Responsabilidade social é coisa séria!, 64

Primavera do patriarca, 67

Educação para a sensatez, 70

A pata nada, mas será que ainda brinca?, 73

Sem tempo a perder, 76

A possível utopia, 79

A idade do saber, 82

Política é cidadania, 85

Democracia como Educação coletiva, 88

O irônico sorriso do gato, 91

Especial humildade, 94

No meio de nós, 97

A melhor parceria, 100

Exemplos nada exemplares, 103

O fantasma da Educação, 106

Inteligência persuasiva, 109

Acima de suspeitas, 112

Mantenha distância, 115

O amoroso silêncio, 119

Lições de causa, 122

Pauliceia magistral, 126

Família, autoridade e esforço!, 129

Nada de arrogância e bajulação..., 133

Com propósito, sem lamúria, 136

Quais são teus planos para o futuro?, 140

E essa tal felicidade?, 144

Na partida..., 147

NA CHEGADA, AINDA MAIS...

Em 1973 entrei na universidade para cursar Filosofia e, deliciosamente obcecado por leituras, comecei a fruir a obra poética do gaúcho Mário Quintana (1906-1994), em particular um livro lançado naquele ano, chamado *Do Caderno H*. Achava (e ainda acho) desconcertante o conteúdo, muitas vezes doce e agressivo, presente em vários poemas ou máximas por ele engendrados.

Animado pela suposição juvenil de ser a filosofia um questionamento incessante e sôfrego, não abandonava essa postura nem nos momentos de mero deleite literário e, movido por fúria insolente, queria interrogar e interpretar até os bucólicos passeios quintanianos. Não durou muito o arroubo; lá pelas tantas do texto, mergulhei no excerto

O trágico dilema, no qual ele alertara: "Quando alguém pergunta a um autor o que este quis dizer, é porque um dos dois é burro".

Pensava eu: não é possível! Tenho de saber aquilo que, de fato, está por trás do que está escrito. Afinal, passara meus últimos dez anos de escola sendo ensinado menos a ler e mais a interpretar, interpretar, interpretar, interpretar. Raras vezes, quando criança ou adolescente, fui autorizado, na sala de aula, a achar, por mim mesmo, o meu próprio sentimento face aos escritos alheios. Fui, isso sim, incentivado a ficar delirando de forma sistemática e teórica sobre o que teria pensado o autor quando disse o que disse, mesmo que eu ficasse ansioso para participar como protagonista daquela excursão estética.

Não queria interpretar na educação básica; tinha de fazê-lo, mas não o queria. Fiquei feliz ao encontrar certo consolo na admoestação do poeta, anotada lá no mesmo caderno: "Cuidado! A poesia não se entrega a quem a define".

Por coincidência, estava eu dando os primeiros passos no estudo do filósofo alemão Immanuel Kant e fiquei intrigado com a reflexão que na *Crítica da razão pura* fazia sobre "a coisa em si" (no alemão,

Ding an sich) – especialmente por imaginar que filósofos não usavam palavras como "coisa" que, afinal de contas, é termo que pode substituir tudo e, entre nós, até virar curioso verbo ("coisa aí para mim, pois não alcanço; dá para coisar mais para a esquerda?"). Em outras palavras, coisa pode ser qualquer coisa, entende?

O espanto maior veio quando me deparei com o pensamento de Quintana, um pequeno trecho chamado, com razão, *A coisa*, na qual escrevera: "A gente pensa uma coisa, acaba escrevendo outra e o leitor entende uma terceira coisa... e, enquanto se passa tudo isso, a coisa propriamente dita começa a desconfiar que não foi propriamente dita". Ficou claro?

Em 2014 completei quatro décadas de docência e lancei este livro com o título **Pensatas pedagógicas**, quando quis "comemorar-me" revigorando *quarenta reflexões* (contando a chegada e a partida), para ajudar a cogitar um pouco mais sobre várias das nossas **agonias** e muitas das nossas **alegrias**; a maioria delas, reeditadas, as trouxe de textos que escrevi na coluna Panorâmica da revista *Educação* entre os anos 2000 e 2005, enquanto outras vieram de escritos esparsos.

Agora, em 2018, para uma nova edição mais ampliada (como eu!), acrescentei mais quatro pensatas e resolvi inverter a ordem no título, preferindo ***Nós e a escola: agonias e alegrias.***

Continuo matutando sobre aquele mesmo livro de Quintana, e torcendo para que o incomparável xará estivesse certo no pensamento contido na *Palavra escrita*: "Por vezes, quando estou escrevendo estes cadernos, tenho um medo idiota de que saiam póstumos. Mas haverá coisa escrita que não seja póstuma? Tudo que sai impresso é epitáfio".

Vale, e muito, continuar perguntando e respondendo na prática: "Docência? Que coisa é essa?"

DOCÊNCIA, A QUE SERÁ QUE SE DESTINA?

A docência é uma forma de desdobramento... Piegas? Não; verdadeiro. Ser professor (ou professora, claro) é ser aquele que, antes de tudo, se compraz no encontro, na junção, na relação. É ser aquele que tem como mote algo que é extremamente romântico – e por isso bonito, jamais descartável: termos uma humanidade que viva em confraternização, com fraternos, irmanados.

Não há nenhum risco em assumir essa amorosidade. Fernando Pessoa já dizia que todas as cartas de amor são ridículas, mas mais ridículo é quem não as escreve. Quem não ama é incapaz de se desdobrar.

Em tempos egonarcísicos como os nossos (nos quais a palavra de ordem continua sendo acumular o máximo possível de bens e aumentá-los a qualquer custo, em benefício individual), a docência parece caminhar na contramão dessa lógica: sempre que pudermos, queremos é aumentar o que de melhor temos para poder repartir ainda mais. Quanto mais aquilo que acumulamos (conhecimentos, valores, emoções) puder ser partilhado, mais nos sentimos bem. Somos incontidos; parece que não cabemos em nós mesmos e é preciso, sempre, transbordar.

É fundamental valorizar a atividade docente como um ato de amorosidade. Há quem diga que, em se tratando da realidade brasileira, isso é praticamente impossível. Como adotar uma postura de amorosidade quando se tem de dar aula em salas repletas, sem carteiras suficientes, sem material suficiente, sem salário suficiente? Mas é exatamente em condições absolutamente difíceis que a amorosidade aparece e é imprescindível.

Só se desiste de algo quando se deixou de amá-lo. O mesmo serve para o ato docente: não se pode desistir. É preciso alimentar essa amorosidade, colocá-la em conjunto, debatê-la, lutar por ela. Educação e atividade docente não se fazem isoladamente. A briga que vale a pena ser brigada é a briga coletiva, ensinou Paulo Freire. Organizar-se e reivindicar condições dignas de trabalho serve para fortalecer esse amor; estudar, aperfeiçoar-se, refletir sobre a docência também ajuda a manter sadia a amorosidade. Porque ela tem que ser competente; senão, é mera boa disposição.

Há alguns professores hoje que, se pudessem, escolheriam o dia 2 de novembro, Finados, como Dia do Professor; ora, Finados é a desistência. Fico tentado a nos colocar em 1º de novembro, Dia de Todos os Santos, não porque santos sejamos, mas porque, dos santos, partilhamos a sã loucura, que é fazer o que precisa ser feito, e que pareceria um contrassenso fazer. Claro que muitas políticas públicas, de uma maneira geral, quase colocam o Dia do Professor em 31 de outubro, Dia das Bruxas. Esotéricas ou pedagogicamente dissimuladas, a verdade é que, na maioria das vezes, as políticas hegemônicas para a Educação vêm sendo assustadoras.

O dia 19 de setembro, em que nasceu Paulo Freire, também poderia ser um belo Dia do Professor (e da Professora, como ele exigiria), não?

Afinal, o que fez nosso Mestre foi engravidar milhares de homens e mulheres pelo mundo afora com sonhos e ideias, entre as quais, a principal é que a finalidade da Educação é proteger e manter a vida.

No entanto, como sempre ele nos lembrava, é preciso estar vigilante a respeito da própria amorosidade e não permitir o enfraquecimento da esperança. Por isso, quando fazemos uma lista das razões pelas quais somos docentes, a coluna dos "apesar de" não pode ficar maior do que a dos "por causa de"...

O RISCO DO DESENCANTO

Novo ano letivo! Novo? Para muitas pessoas em Educação, não. A tentação delas é entrar na escola cantarolando cinicamente: "já conheço os passos dessa estrada, sei que não vai dar em nada, seus segredos sei de cor; já conheço as pedras do caminho e sei também que ali sozinho vou ficar, tanto pior".

Esses versos melancólicos iniciam uma genial canção de sofrimento afetivo, *Retrato em branco e preto*, criada por Tom Jobim e Chico Buarque em 1968; aquele foi um ano especial, no qual, pelo mundo afora, milhares de jovens, em revolta romântica, expressaram inconformidade e desejaram vida coletiva melhor, apoiada em uma ideia (ridicularizada até hoje pelos idiotas do realismo): Paz e amor. Foram além, aqueles jovens, ao empunharem dois lemas essenciais para romper os laços da reclusão voluntária em um presente que aparenta ser insuperável: "A imaginação no poder!" e "Sejamos realistas: queiramos o impossível!"

Ora, não são poucos os que, agora mais idosos e atuando na docência ou gestão das escolas, sonharam intensamente naquele período, mas acabaram perdendo a imaginação e tornando-se reféns do possível. Assim, esses são capazes de recomeçar o ano letivo como um fardo a ser carregado tal como sempre o foi, tomando como guia outra estrofe da mesma canção: "Lá vou eu de novo como um tolo, procurar o desconsolo que cansei de conhecer; novos dias tristes, noites claras..."

Essa postura desanimada é sinal de envelhecimento do espírito inquieto e desafiador que deve marcar a prática pedagógica; essa submissão ao "estado das coisas como elas estão" é indício de adoecimento da amorosidade compartilhada que insufla o encanto docente. Desanimar é tirar a animação, isto é, a *anima*, a alma, o espírito vital que fortalece e dá sentido à nossa profissão e compromisso.

É sempre necessário lembrar as palavras de Paulo Freire (incansável construtor do impossível) em julho de 1991: "Quando a gente diz: 'a luta continua', significa que não dá para parar. O problema que a provoca está aí presente. É possível e normal um desalento. O que não é possível é que o desalento vire desencanto e passe a imobilizar".

De fato, não pode ser possível que o desalento vire desencanto e imobilize nossa ação! Há muito para ser feito, reinventado, recriado, renovado; os problemas aí continuam e precisam ser conjuntamente enfrentados. A desistência ou indiferença indicam o falecimento da esperança e, nessa condição, é melhor ser íntegro e honesto e procurar outros caminhos fora da Educação.

O bom nestes nossos tempos de recomeço é render-se à paixão educativa que nos envolve e murmurar, sem ingenuidade, mas com convicção, um outro pedaço de nós na mesma canção: "O que é que eu posso contra o encanto desse amor que eu nego tanto, evito tanto, e que, no entanto, volta sempre a enfeitiçar?"

LOUCOS POR GENTE

Nós, professores, temos um grande vício: somos apaixonados. E todo apaixonado é meio insano, faz alguma coisa que nem sempre deveria, se dedica mais do que pode, às vezes se esquece de si mesmo. Ou então não se lembra de que nós exercemos uma profissão, que precisamos receber nosso salário de forma adequada, que nós temos de lutar na estrutura sindical e organizar nossas reivindicações no público e no privado. Às vezes, até disso nos esquecemos. Não deveríamos, mas esquecemos, porque somos apaixonados.

Todo professor íntegro leciona por paixão. Paixão pelo quê? Por ganhar pouco, correr o dia inteiro, ficar para lá e para cá? Não, claro que não. Temos paixão por aquela ideia de que gente foi feita para ser feliz. Como diria Shakespeare, "vida é uma coisa cheia de som e fúria". Nós somos furiosos, brigamos muito.

Imagine uma reunião de professores, no final do ano. Um colega quase pula no pescoço do outro por causa de um aluno. Nós fazemos barulho e somos tão ruidosos porque somos apaixonados. Aliás, professor adora se encontrar, adora reunião – se for paga, então, gosta mais ainda. Reunião de professor dura, mais ou menos, uma hora e meia, sempre dividida da seguinte maneira: na primeira meia hora, ficamos às vezes falando mal de quem não veio, dizendo "nós estamos aqui, é um absurdo"; na segunda meia hora, ficamos falando bem de quem veio, "mas nós viemos, nós vamos levar isso à luta porque isso é importante"; e, na terceira meia hora, buscamos horário para marcar outra reunião. E acontece tudo de novo...

Professor adora o período de férias, quando os alunos desaparecem da escola. Ele aguenta um dia, dois, de repente, começa a sentir falta. A escola fica triste e em silêncio, não tem aquele barulho. Tem professor que fica louco para as aulas começarem e, quando elas começam, depois de uma semana, ele não aguenta mais, quer que tudo pare. É mais ou menos como a mãe que diz para os filhos: "Eu não aguento vocês, eu vou me matar, um dia eu vou sumir e vocês vão ver". Nós também falamos demais.

Mas temos uma coisa inacreditável, que é uma amorosidade muito grande. Só isso explica por que uma pessoa dá aula por 20, 30 anos, se aposenta e depois volta a lecionar. Por que tem professor que não aguenta ficar fora de uma sala de aula? Ora, não tem gente que é louca por pizza? Então, também existe quem seja louco por gente. Que em vez de cuidar só da própria vida, resolve ajudar outras vidas também.

Essa característica não é exclusiva dos professores, claro. Isso tem a ver com a amorosidade que, por sua vez, tem a ver com amor, que é uma palavra que anda meio ausente na Educação e não deveria. Quem ama não desiste. Quando começamos a desistir um pouco da nossa atividade, dos nossos alunos, começamos a perder um pouco o gosto. Se você está deixando de amar, aí é melhor deixar, porque Educação pressupõe uma capacidade amorosa imensa, não é inesgotável, porque nada o é, mas ela deve ser imensa. E, por ser amorosa, esta atividade precisa de condições de trabalho, de estrutura salarial, de organização pedagógica, de jornadas adequadas... senão não dá para exercer essa amorosidade de forma concreta.

Lembrar sempre: insistir, repartir e não desistir.

PROFESSORES CHEIOS DE VIDA

Tenho uma admiração imensa por professoras de Educação Infantil e de séries iniciais. Elas – quase sempre mulheres – lidam com o que há de mais frágil e difícil na área. Na Educação Infantil é comum encontrarmos salas com 25, 30 crianças, e cada uma delas é uma "bomba ambulante". Às vezes parece que é preciso chamar o Gate (Grupo de Ações Táticas Especiais) ou o Corpo de Bombeiros, porque a professora vira para cuidar de um aluno e outro cai aqui; ela corre atrás desse e outro cutuca o olho do coleguinha. É sempre impressionante lembrar como essas crianças são frágeis.

Gosto demais de recordar uma situação que conto em palestras e em outros livros. Quem já não viu cenas como esta no Ensino Fundamental: a professora está saindo para o intervalo, e aí vê que ficou uma menininha na sala. Ela está ali, quietinha na carteira, não saiu com os outros alunos.

– O que foi? – pergunta a professora.

– Não foi nada.

– Fala para mim o que aconteceu – ela torna, carinhosa.

E a garotinha continua insistindo que não foi nada, até que a professora põe a mão no ombro da criança. Detalhe: nós somos, com frequência, o único adulto que toca algumas crianças durante o dia. Muitos pequenos não estão nem acostumados a serem tocados, e disso bem sabem professores de Educação Física porque são os que mais perto chegam dos nossos alunos.

Quando a professora põe a mão no ombro da aluna, a garotinha se abre: "Minha mãe disse que meu pai foi viajar e vai demorar muito para voltar". A professora entende e fala: "Vem comigo, vou mostrar uma coisa". Cria-se uma dependência; aonde a professora vai, a menina vai atrás, grudada na saia ou no guarda-pó, dizendo "tia, tia".

Por que ela vai junto? Porque encontrou algum lugar. Como lembraria o grande Guimarães Rosa,

"A vida é grande sertão, mas tem veredas", e as veredas estão no outro.

Quantas vezes você presenciou, às 11 da noite, no estacionamento da escola, um professor conversando com aluno de 15, 16 anos? Em vez de ir para casa, o professor ficou ouvindo o aluno contar que está desesperado, que a namorada engravidou e ele não sabe o que fazer. Ou então você está no intervalo e os alunos estão atrás, aos montes, gritando "professora, professora".

Depois de um dia assim, 11 da noite, seu filho vem pedir para você tomar a lição dele e você quase agarra o inconveniente pelo pescoço e diz: "Estou por aqui (dedo em riste, na garganta) de criança, não aguento mais". Onze horas da noite, você quer ir dormir, não quer saber de filho que vem pedir ajuda. É por isso que, de maneira geral, filhos de educadores não são necessariamente geniais na escola; a gente não tem muita paciência pedagógica com eles. É criança demais para se preocupar, o dia inteiro.

É vida demais à nossa volta, e é o tempo todo. É vida transbordando vida o dia inteiro. Atenção à palavra "transbordar", que quer dizer "ir além da

borda", ser incontido e ilimitado. Nós somos incontidos, vivemos em voz alta. Transbordar não significa só alegria, elogio, emoção, mas também tristeza, bronca e chatice. Mas, retomando uma deliciosa obviedade: nossa profissão lida com gente. Você quer coisa mais complicada do que gente? No entanto, consegue largar? Consegue?
   Jamais!

SOMOS TODOS AMADORES

Não é à toa que nós exercemos, talvez, a única profissão capaz de fazer alguém que não conhecemos tanto atravessar a rua para nos cumprimentar. Você está andando em algum lugar e, de repente, ouve: "Professora! Professor!" Atravessam a rua para lhe cumprimentar, aí, param na sua frente e fazem aquela pergunta difícil: "lembra de mim?" Você já imaginou? Às vezes a gente lembra e às vezes não.

"Professora, uma vez você falou uma coisa que mudou a minha vida e eu nunca mais esqueci." Pense nesse risco amoroso. Já imaginou o número de pessoas que nós, professores, engravidamos com nossos sonhos, desejos e equívocos? Se você, privilegiado, consegue dar aula para apenas 200 alunos por ano em média, ainda assim ao final de dez anos serão dois mil alunos.

Tem gente que faz uma coisa ainda mais complicada: uma de suas ex-alunas para na sua frente e diz que hoje é professora por sua causa. Nessa hora você fica olhando e pensa: "Mais uma louca. Pegou essa virose que é a incapacidade de achar que as coisas são como são e não há alternativa. Mais uma que eu inoculei com a ideia de que é possível mudar o modo como as coisas são. Mais uma que eu consegui impregnar com o sonho da dignidade coletiva".

Gosto muito de ouvir a frase: "Professor, sabia que eu hoje sou professor por sua causa?" Posso ouvi-la de dois modos: um deles é quando a pessoa diz isso e eu penso que a decisão foi tomada por minha causa, isto é, fui eu mesmo que causei. Mas há outro modo: "Professor, agora nós temos a mesma causa".

Qual é a nossa causa? Promover mais dignidade e fraternidade? Repartir amorosidade? Qual é, realmente, a nossa causa? Pensar nisso continuamente é sempre uma proteção ética.

Se a amorosidade é nossa força, existe também uma fraqueza entre nós: essa amorosidade tem de ser mais competente, não pode ser apenas baseada no desejo. Nem sempre refinamos a nossa competência.

Projetos pedagógicos coletivos, por exemplo, são uma forma de apoio à amorosidade; outra maneira de apoio é o fortalecimento da gestão democrática e da ação política consistente. Fico animado especialmente com a possibilidade do uso da tecnologia em todas as escolas, não porque o computador resolva os nossos problemas, mas porque é uma ferramenta poderosa para deixar nossa amorosidade mais competente.

Se há uma coisa perigosa no setor educacional é a arrogância pedagógica. Infelizmente, há muito professor ou professora que acha que já sabe, que não precisa mais aprender ou – pior ainda – que acha que não vai conseguir aprender.

Somos todos amadores, em dupla acepção: gente que ama e que acha que não está pronta ainda. Por isso aprendemos, todos os dias, porque somos profissionais amadores. Essa é a chama que precisamos manter viva.

ANTES QUE SEJA TARDE

Há momentos em nossa trajetória docente em que vários princípios precisam ser relembrados, de modo a fortalecer a certeza de que é persistir e, ao mesmo tempo, reforçar a convicção do lugar imprescindível da prática pedagógica honesta, leal e amorosa. Por isso, no livro *A escola e o conhecimento* (Cortez) registrei reflexões que, agora, com a intenção de reanimar nossa razão de ser, retomo em forma de pentálogo:

1. Como o interior de uma relação afetiva, o saber impõe dedicação, confiança mútua e prazer compartilhado. No lugar dessa relação, o tamanho, o arranjo e a localização espacial não importam muito, desde que a partilha seja agradável e justa. Cada um dos envolvidos nessa situação traz o que já tinha para trocar, só que a troca não deve levar a perdas. Por ser uma repartição de bens,

todos precisam esforçar-se para que cada um fique com tudo.

2. A Educação é um espaço para conflitos, rejeições, antipatias, paixões, adesões, medos e sabores. Por isso, essa relação exala humanidade e precariedade. A tensão contínua do compartir conduz, às vezes, a rupturas emocionadas ou a dependências movidas pelo temor da solidão; afinal, ser humano é ser junto, o que implica um custo sensível.

3. A criação e a recriação do conhecimento não estão apenas em falar sobre coisas prazerosas, mas, principalmente, em falar prazerosamente sobre as coisas. Quando o educador exala gosto pelo que está partilhando, ele desperta o interesse no outro. Não necessariamente o outro vai apaixonar-se por aquilo, mas aprender o gosto é parte fundamental para passar a gostar. É difícil imaginar que Newton, Mozart, Fernando Pessoa, Michelangelo ou Tom Jobim, por exemplo, não tivessem no prazer uma de suas fontes de animação, sem por isso deixar de envolver-se com atividades que exigem concentração e esforço.

4. Seriedade não é, e nem pode ser, sinônimo de tristeza. O ambiente alegre é propício à aprendizagem e à criatividade, desde que não se ultrapasse a sutil fronteira entre a alegria e a desconcentração improdutiva. A alegria vem, em grande parte, da leveza com a qual se ensina e se aprende; vem da atenção àquelas perguntas que parecem fora do assunto, mas que vão capturar a pessoa para um outro passeio pelos conteúdos; vem da percepção de que aquilo que se está estudando tem um sentido e uma aplicabilidade (mesmo que não imediatos).

5. A alegria, em suma, é resultante de um processo de encantamento recíproco, no qual a transação de conhecimentos e preocupações não é unilateral. A Educação é, simbolicamente, um lugar de amorosidade; mas a amorosidade não é um símbolo, é um sentir. Não pode ser anulada; só ausentar-se. A sustentação da amorosidade na Educação não deve ser descuidada.

Como em quase tudo que envolve a proteção da vida, é preciso recomeçar cedo, antes que seja tarde.

NO MEIO DO CAMINHO

Fazer planos não é suficiente: no ambiente escolar é preciso ter persistência e avaliar a viabilidade de certos projetos. O cumprimento dos planos está na relação direta do empenho pessoal, da honestidade de propósitos, da necessidade de evitar o "autoengano". Um plano não factível aproxima-se do delírio e, claro, resulta em fracasso e frustração.

Quando o ano letivo vai chegando ao meio, um certo cansaço vem à tona e começamos a fazer planos de mudanças, talvez para o ano seguinte.

A questão é antiga: Por que as pessoas costumam marcar uma data para iniciar mudanças e, em geral, no ano seguinte? Bem, o comodismo é sempre uma força perigosa quando se precisa mudar; é por isso que Fernando Pessoa escreveu que "na véspera de não partir nunca, ao menos não há que arrumar malas". Muitas e muitos preferem ficar como estão, supondo-se seguros, mesmo quando todos os sinais e condições indicam a premência da mudança. Essa é uma segurança momentânea e frágil e carrega o risco do imobilismo.

Ora, é certo que todo projeto de algo novo precisa ter um marco inicial simbólico para dar a ideia de ponto de partida. De maneira geral, as pessoas escolhem esse marco em um futuro, próximo ou não, que também pareça o início de um ciclo (o ano, a semana, o verão, os 30 anos etc.), mas o ponto de partida não pode ser um simulacro de decisão a ser continuamente postergada.

Plano e metas são o horizonte que sinaliza a direção para a qual se deseja ir. Tê-los todos os anos é um modo de não deixar que esse horizonte se reduza ou, pior ainda, fique esquecido. Já o cumprimento dos planos está na relação direta do empenho pessoal, da honestidade de propósitos e, especialmente, da necessidade de evitar o autoengano.

É por isso que não é suficiente "fazer planos". É urgente, também, ter consciência da capacidade de persistência que se terá e, mais do que tudo, pela percepção da factibilidade dos planos. Afinal, por mais que o desejo seja diferente, sempre vivemos em um mundo com incertezas. A diferença agora é que os desejos chegam mais aceleradamente e em quantidades inimagináveis. Não é inteligente sucumbir às incertezas, mas, isso sim, procurar lidar com elas em função do horizonte desejado.

Caminhos novos a serem trilhados exigem a inteligência contida na flexibilidade. Ser flexível é diferente de ser volúvel. O volúvel muda de postura a qualquer momento, em função de movimentos ou "ventos" que não entende. Já a pessoa flexível é aquela que é capaz de alterar a própria convicção ou rota a partir de uma reflexão que leve em conta o diverso ou o inédito. Quem não tem flexibilidade de pensamento repousa em um conhecimento fossilizado e com um comprometimento assemelhado à domesticação, isto é, sem autonomia.

Qual o risco? Gente assim acaba ficando com um grande passado pela frente.

RESPEITO AO FUTURO

Recesso escolar. Enfim, um pouco de descanso. Hora de rever os planejamentos, reordenar as atividades, refazer algumas energias, revigorar as esperanças e, claro, lamentar o curto tempo que nos resta para fazer tudo o que é necessário para melhorar nossa prática educativa – e, com ela e por causa dela também, o mundo.

Melhorar o mundo? Megalomania? De forma alguma. Se não quisermos todos os dias fazer do nosso trabalho uma sólida ponte para um melhor mundo, para que, então, fazê-lo todos os dias? É preciso relembrar sempre o que escreveu o estupendo dramaturgo russo Anton Tchekhov na obra *As três irmãs* (1901): "Daqui a duzentos ou trezentos anos, ou mesmo mil anos – não se trata de exatidão –, haverá uma vida nova. Nova e feliz. Não tomaremos parte nessa vida, é verdade... Mas é para ela que trabalhamos e, se bem que a soframos, nós a criamos. E nisso está o objetivo de nossa existência aqui".

Melhorar o mundo? Empreitada complexa e coletiva, há descanso possível? Os que cotidianamente ficamos imersos em Educação, conseguimos descansar? Quase nunca. Afinal, descansar completamente pode significar ficar desatento e, com velocidade, aproximar-se do descuido. Descuidar é afastar a proteção do essencial: o futuro.

O filósofo espanhol Ortega y Gasset já nos houvera instigado, em 1930, quando lançou no livro *A rebelião das massas* uma reflexão que necessita ser pensada para além da aparente obviedade: "Queira-se ou não, a vida humana é ocupação constante com algo futuro. Desde o instante atual nos ocupamos com o que sobrevém. Por isso, viver é sempre, sempre, sem pausa nem descanso, fazer. Como é que não se notou que fazer, todo fazer, significa realizar um futuro? Inclusive quando nos entregamos à recordação... Assim, pois, nada tem sentido para o homem senão em função do futuro".

Para preparar mais o futuro é fundamental fazer alguns eventuais recessos no presente, isto é, poder prestar atenção no já feito para que façamos mais vitalmente digno o que virá. Há vários momentos em que é urgente "dar uma olhada para trás", de modo a ganhar mais consistência na direção do "para frente".

Tudo isso, mesmo que sem descanso completo, é sinal de respeito. Afinal, a palavra "respeito" tem origem no latim *respectus*, indicando um olhar para trás (um espectador que se vira). Pode significar dar uma última olhada para ver se as coisas estão em ordem. Quando estamos tomando conta de alguém (como na Educação) ou de algo, sempre damos passada geral de olhos, para verificar se o que cerca aquele ou aquilo está certo, ordenado, no lugar adequado.

Agora é hora de respeito.

DIA DO PROFESSOR, SEM CERIMÔNIA...

E quando a gente pensa "pra mim, basta um dia"? Mesmo com o valor simbólico que impregna a nossa ocupação, mesmo com todas as homenagens, há dias que não quero ir para a escola. Certa vez, estava eu terminando a preparação para sair de casa em mais uma jornada de trabalho como professor, quando ouvi ao longe um berreiro danado de uma criança de pouca idade. Assustei-me, pois ainda não eram seis e meia da manhã, horário no qual a maior parte de nós, docentes, sai por milhares e milhares de dias durante a vida para ir semear utopias e tentar proteger o futuro. Apreensivo com a eventual causa daquele desespero infantil, imaginei pela agudeza do choro que era, infelizmente, algum ferimento sério ou, até mesmo, uma situação de ameaça e pavor incontido.

Morando em um prédio que tem uma espécie de poço vazio entre os vários andares e apartamentos, não é difícil aproveitar a maior propagação do som que tal arquitetura permite e aproximar os ouvidos das janelas internas até reconhecer melhor vozes e gemidos. Foi exatamente o que fiz, de modo a distinguir não só o que a criança exclamava, mas em qual andar se passava tal situação. Consegui finalmente perceber as palavras em meio aos soluços convulsivos. A criança bradava: "Eu quero ir para a escola! Eu quero ir para a escola!"

Apesar da evidente aflição do menino, não pude deixar de, menos piedosamente, rir bastante. Primeiro, pela ressurreição súbita de uma frase que ficara em algum lugar do passado dos que não têm dificuldades para ter acesso à escolarização. Segundo, pela estridente exigência feita pelo pequeno em uma época em que nem sempre a escola parece ser um lugar desejado com ardor. Em terceiro lugar, passou pela minha cabeça uma pontinha de admiração por alguém que queria tanto uma coisa que nem sempre quero.

Ri de novo ao lembrar-me de uma antiga anedota na qual a mãe cutuca o filho logo cedo e diz:

"Filho, acorde, você precisa ir para a escola". Ele resmunga, cabeça sob as cobertas: "Quero não, mãe. Não aguento mais aqueles professores, aqueles meninos que ficam me atazanando, aquela barulheira toda". Ela retruca: "Filho, levante, você é o diretor da escola".

Isso mesmo. Às vezes, eu também não quero ir para a escola. São poucas vezes, muito poucas, mas, fique claro, esses dias existem. Afinal, na escola exercemos nosso ofício vital, mas não deixa de ser ofício. Mesmo com as reverências e lembranças rápidas provocadas por outubro, mesmo com as homenagens verdadeiras que nos fazem quando nos chamam de mestra ou mestre, mesmo com o valor simbólico que impregna a nossa ocupação, tem dias que não quero ir para a escola.

São os dias em que gostaria de dormir um pouco mais, talvez acordar sem horário ou, até, levantar e não ter de sair. Há momentos em que dá uma vontade danada de ficar em casa regando as plantas, brincando com os filhos, tomando café bem devagar, lendo inutilmente a página de anúncios do jornal, conversando fiado, olhando as pessoas que passam na rua, observando os outros trabalharem.

Não faz mal ansiar por essas coisas. É sinal de nossa humanidade, e isso não impede que, depois, a gente continue por décadas indo à escola. Seria, apenas, um dia para eu fruir inteirinho sem culpa, um estupendo dia do professor.

COMO VOAR FORA DA ASA

Quando outubro chega, é comum sermos mais lembrados ou, até, festejados, pela nossa escolha profissional e pela inegável beleza da prática docente. É preciso comemorar, sim, de modo a não sucumbir ao amargor que poderia resultar das dificuldades presentes no nosso trabalho. Festejar não significa obscurecer os eventuais tropeços, mas exaltar sinceramente a importância da caminhada. Alegrar-nos com o fato de sermos docentes não é tolice alienada, mas alegria revigorante.

Só é um bom "ensinante" quem, também, é um bom "aprendente". Desse modo, para melhor festejar, fica gostoso relembrar dois dos nossos grandes mestres, um que nos ensinou a sustentar sempre o gosto pela liberdade, outro, a acreditar na possibilidade de reinventar o cotidiano.

Um deles é Carlos Maia de Souza (1924-2002). Carlito Maia, brasileiríssimo mineiro, ficou famoso por inúmeros ditos e feitos. Como Paulo Freire (autor da ideia da Educação como prática da liberdade), era ferrenho adversário de qualquer ameaça à democracia e à dignidade cidadã. Esse fundamental apego de Carlito à liberdade compartilhada era tão vigoroso, que se conta (sem provas cabais) que, cada vez que falecia algum liberticida ou ditador de qualquer país (incluído o nosso), ele mandava publicar um pequeno anúncio nos jornais exclusivamente com a frase: "Por uma graça recebida". Nada mais, sem remetente ou destinatário.

O outro é o pantaneiro Manoel de Barros, nascido em 1916. Ele começa o estonteante poema *Uma didática da invenção* com uma lição insuperável: desaprender também ensina. Diz ele:

"Para apalpar as intimidades do mundo é preciso saber:

a) Que o esplendor da manhã não se abre com faca.

b) O modo como as violetas preparam o dia para morrer.

c) Por que é que as borboletas de tarjas vermelhas têm devoção por túmulos.

d) Se o homem que toca de tarde sua existência num fagote, tem salvação.

e) Que um rio que flui entre dois jacintos carrega mais ternura que um rio que flui entre dois lagartos.

f) Como pegar na voz de um peixe.

g) Qual lado da noite que umedece primeiro.

h) Desaprender 8 horas por dia ensina os princípios".

Manoel de Barros, ótimo mestre, escreveu que "poesia é voar fora da asa" e, acreditemos, a docência é um modo de fazer alguma poesia e garimpar o inesperado.

Por isso, para construir história adiante é preciso recordar e compreender o dever de casa passado, há mais de três décadas, pelo poeta carioca Chacal, no livro chamado – não por acaso – *Muito prazer*. Nessa obra, há o poema (todo escrito em minúsculas) rápido e rasteiro e nele aprendemos que "vai ter uma festa / que eu vou dançar / até o sapato pedir pra parar. / aí eu paro / tiro o sapato / e danço o resto da vida".

A MEMÓRIA COMO PRESENTE ETERNO

Sermos esquecidos é a mais contundente avaliação sobre a nossa prática. Onde estão os nossos professores? Na memória, na história, na insignificância? Onde ficaremos nós? Toda vez que se aproxima o término do nosso calendário letivo, fico incomodado por uma perturbação aparentemente comezinha: com a cessação do convívio mais amiúde com as alunas e os alunos do ano findante, por quanto tempo mais continuarei sendo lembrado? Afinal, não ficamos tanto na vida cotidiana de algumas pessoas para depois mergulharmos no melancólico esquecimento, a ponto de nem, às vezes, o nosso nome lembrarem. Quando crescemos, perdemos a capacidade de guardar o nome dos professores ou professoras? Nem todos e nem de todos...

É sempre emocionante ver o reencontro de gente honestamente famosa com a "sua professorinha das primeiras letras"; é magistral (literalmente) quando a docente recorda-se até do modo como o afamado se comportava ou estudava e, por sua vez, aquele a chama carinhosamente pelo nome, antepondo um carinhoso "dona" (tal como a "minha" Dona Mercedes, de quem me despedi ao final do primeiro ano primário em 1961, ela já idosa, e que, felizmente, nunca mais foi embora de mim).

Entre as dores e delícias da Educação, há uma circunstância que sempre entristece: quando se está conversando com alguém que diz estudar em uma das escolas nas quais se atua e, face à pergunta sobre o nome do seu professor de uma determinada disciplina, diz: "Não lembro; é um de barba, é uma meio baixa, é um bem magro e calvo..." Onde estão os nossos professores? Na memória, na história, na insignificância? Soterrados pelo tempo ou vivificados pela prática? Onde ficaremos nós? A melhor avaliação é ser bem lembrado!

Para festejar nossos dezembrinos momentos de remate das lidas escolares e, ao mesmo tempo, deixar entrar distraidamente um pouco de nostalgia, melhor dar-nos um presente daqueles de fim de ano, registrando aqui inteirinho – em vez de ficar só com as sempre lembradas e profundas quatro estrofes finais – um dos magníficos escritos de Adélia Prado. Essa mineira, nascida em dezembro de 1935 – não por acaso, em uma cidade denominada Divinópolis – publicou o primeiro livro, *Bagagem*, aos 41 anos, e nele está o poema *Leitura*.

"Era um quintal ensombrado, murado, alto de pedras. / As macieiras tinham maçãs temporãs, a casca vermelha de escuríssimo vinho, o gosto caprichado das coisas fora de seu tempo desejadas. / Ao longo do muro eram talhas de barro. / Eu comia maçãs, bebia a melhor água, sabendo que lá fora o mundo havia parado de calor. / Depois encontrei meu pai, que me fez festa e não estava doente e nem tinha morrido, por isso ria, os lábios de novo e a cara circulados de sangue, caçava o que fazer pra gastar sua alegria: Onde está meu formão, minha vara de pescar, cadê minha binga, meu vidro de café? / Eu sempre sonho que uma coisa gera, nunca nada está morto. / O que não parece vivo, aduba. / O que parece estático, espera".

PARA ALÉM DO FIM

Dezembro sempre desponta como uma época especial para pensar sobre opções feitas, rever trajetórias, renovar desejos, refletir sobre as "sementes" que deixamos pelo caminho pedagógico e, claro, suspirar, expressando um eventual cansaço indefinido, resvalando para o musicado "mais um ano se passou".

Apesar de a maioria de nós em Educação estar sempre em "ano letivo" – que acaba antes do "ano civil" –, ainda assim ele parece muitas vezes interminável porque recomeça em breve. Tem momentos que a gente sente o grande sertão sem enxergar veredas, mas acaba possuído pelo espírito que Guimarães Rosa capturou lá para dentro da sabedoria simples: "A vida é ingrata no macio de si; mas transtraz a esperança mesmo do meio do fel do desespero. Ao que, este mundo é muito misturado".

Fôssemos todos adeptos da religiosidade grega clássica, por nós chamada de mitologia, invocaríamos Cronos, uma divindade pré-helênica e personificação do Tempo, pedindo auxílio para não ser por ele mesmo atingidos, tornando-o mais suave no passar e menos veloz na necessidade.

Não adianta. Cronos (filho de Urano, o Céu, e de Gaia, a Terra) foi derrotado pelo filho Zeus e acorrentado no Tártaro, um lugar abaixo ainda do inferno, no mais profundo do interior do mundo, e, por isso, só o deus supremo do Olimpo, aquele que pode distribuir o bem ou o mal aos humanos, decide se liberta ou nos acorrenta junto ao tempo.

No entanto, na mitologia, como na Educação, a esperança é seiva vivificante. Talvez devêssemos abandonar Zeus e ir em direção a Saturno (versão romana de Cronos), deus italiano ligado às práticas agrícolas e seus tempos propícios.

O mundo latino da Antiguidade (do qual também somos herança e crítica), por se localizar no Hemisfério Norte do planeta, tinha dezembro como um período de rigoroso e inclemente inverno. Era fase da estação em que não se plantava ou colhia, os alimentos escasseavam e as noites alongadas reduziam a vitalidade trazida pela luz solar.

Nessa época, especialmente na proximidade do solstício invernal e logo após os meados do mês, quando a noite mais longa do ano resultava do máximo distanciamento da Terra em relação ao Sol, o clímax da dificuldade parecia ter sido atingido e, daí em diante, tudo deveria ir melhorando.

Era a chegada a hora das Saturnálias, a celebração para honrar Saturno ("o semeador") – que precisava ser festejado para ajudar na proteção das safras vindouras. As comemorações se alastravam por todo o território romano e entorno. Fogueiras eram acesas, presentes eram trocados, liberdades eram concedidas. Afinal, tal como muitos de nós, acreditavam aqueles que o dia venceria a noite, a luz derrotaria a escuridão.

Como inventou e cantou o nosso Nelson Cavaquinho: "O sol há de brilhar mais uma vez / A luz há de chegar aos corações / Do mal será queimada a semente / O amor será eterno novamente. / É o juízo final / A história do bem e do mal / Quero ter olhos para ver / A maldade desaparecer".

Assim deve ser. Assim precisa ser.

DESCANSAR NÃO É VADIAGEM

Miguel de Cervantes, que nos inícios do século XVII nos legou o imortal Dom Quixote – inspirador, mesmo que sutilmente, da admirável e incansável labuta de muitos e muitas que atuam em Educação –, advertiu, sem piedade: "Tanto peca o que diz frases latinas diante de quem as ignora como o que as diz ignorando-as".

Este é, sem dúvida, o caso da maioria de nós que, nos dias atuais, lemos e escrevemos sem dominar aquele mátrio idioma. Porém, algumas das expressões em latim são irresistíveis. Aproveitando o mote – ignorado por não poucos que conosco partilham o fazer educativo – de que, mesmo sem coação docente, nas férias também se aprende, e com a devida licença do escritor espanhol, é preciso retomar o exemplar orador e político romano, Cícero, quando há 20 séculos bradou *Otium cum dignitate*, ou seja, "ócio com dignidade".

Fica difícil, hoje em dia, entender o conceito de ócio expresso no mundo latino original, cuja base é a noção de quietude privada, descanso tranquilo e alívio sossegado. A maior parte das pessoas vive em uma sociedade na qual o trabalho incessante e insano é critério – voluntário ou coercitivo – de "bem-estar". Isso acontece a tal ponto que, quando um adulto em convalescença de uma enfermidade ou acidente qualquer usa como indicativo de cura a possibilidade de voltar a trabalhar. Ele não pergunta ao médico: "Já estou bom? Já posso voltar a dançar, passear, brincar?" Em vez disso, a questão é: "Já posso voltar a trabalhar?"

Essa visão obsessiva e extensamente doentia conduz a uma identificação absurda do conceito de ócio com a ideia negativa de vadiagem ou vagabundagem. Não é raro o educador ou a educadora que, com certo cinismo, acumula crianças e adolescentes com trabalhos, pesquisas e leituras obrigatórias a serem feitas nas "férias", dizendo, inclusive, ser esta uma maneira de "aproveitá-las". O obrigatório, o forçoso, além de gerar irritação e desconforto em uma circunstância como esta que deveria promover prazer, tira a noção de "ócio com dignidade", isto é, o ócio sem constrangimentos implacáveis e só com o uso da gostosa liberdade até o limite da possibilidade individual.

Por isso, nesse período de algum repouso no qual, como em todos os outros da atividade docente, sempre há muito o que fazer, urge recusar a neurose laboral autodestrutiva que, diminuindo nossa sensibilidade, prejudica a prática pedagógica cotidiana. Mesmo levando-se em conta as dificuldades e a precariedade das condições que vitimam cruelmente o magistério, ainda assim é preciso impregnar-se de poesia, boas leituras, belezas e emoções estéticas vindas, por exemplo, de Adélia Prado, Clarice Lispector, Lygia Fagundes Telles, Carlos Drummond de Andrade, Ferreira Gullar, Machado de Assis, Tarsila do Amaral, Chico Buarque, Tom Jobim, Villa-Lobos etc.

A dignidade do ócio está em poder dar-se o direito de, evitando a "sepultura dos vivos" – e debruçando-se um pouco sobre algumas fontes do bom e do belo –, descansar em paz.

GESTÃO, LIDERANÇA E ÉTICA

Ética é a compreensão que cada um e cada uma de nós tem sobre as possibilidades, os limites, as restrições e as conveniências da ação humana individual e coletiva na convivência social e com a natureza.

Ora, uma escola é uma instituição presente em comunidades reais; nesse sentido, o modo como se comporta pública e privadamente afeta essa inserção e, com maior vigor, a consolidação de futuro que precisa ter. Assim, credibilidade ética é garantia de futuro, e uma escola da qual se ausentem os valores da lealdade, honestidade, solidariedade e integridade pode, até, obter sucesso eventual; no entanto, tal trajetória se esboroa com o tempo. Essa credibilidade não é tarefa somente do gestor ou da gestora.

Um dos mitos mais resistentes em nossos tempos é aquele que afirma que a liderança é um dom, isto é, algumas pessoas nascem com ele, enquanto outras dele foram privadas. Há uma certa crueldade fatalista em tal perspectiva, pois supõe que, na vida pessoal, com sua dimensão profissional e social, certas pessoas (a grande maioria) estão fadadas a serem sempre comandadas e dirigidas por outras (uma minoria) que foram apaniguadas com uma "bênção exclusiva".

Ora, nascemos com potencial de liderança, pois esta não é um dom e sim uma virtude, isto é, uma capacidade a ser desenvolvida ou não. Algumas pessoas aproveitam as condições e fazem com que essa capacidade se realize; outras não o fazem, por desconhecimento, medo, comodidade ou, até, ausência de ocasião e chance.

O que é liderar? Liderar é assumir a atitude de animar e dar vitalidade a ideias, pessoas e projetos; inspirar é dar fôlego, preencher de vida, motivar, isto é, robustecer a vivacidade e o compromisso das pessoas. Por ser uma atitude, e não uma mera técnica, a liderança requer humildade sem subserviência, flexibilidade sem volubilidade e radicalidade sem sectarismo. Flexibilidade para aprender o que ainda não sabe, humildade para reconhecer o que ignora, disponibilidade para inovar o que já domina e permeabilidade para empreender o futuro.

Liderar é exercer um poder que sirva ao coletivo, que ajude a proteger a vida em suas múltiplas manifestações, de modo a recusar a ganância, o biocídio e o apodrecimento da convivência saudável.

Liderança não é simples chefia; chefia está atrelada ao mando e obediência, enquanto a liderança apoia-se na prática do serviço e da partilha.

Urgência? Evidenciar as ligações entre liderança e ética, especialmente como foi definida por Paul Ricoeur: "Vida boa, para todos e todas, em instituições justas".

Por isso, da escola decente se exige dedicação pedagógica, como caminho para que todos entendam que uma pessoa que em vez de servir ao coletivo sirva somente a si mesma, essa pessoa não serve; em outras palavras, um poder que não "serve" é um poder que não serve...

CAMINHOS E ESCOLHAS

A prática educativa é uma trajetória vital que exige constantes tomadas de decisão. "Sou professor a favor da liberdade contra o autoritarismo, da autoridade contra a licenciosidade, da democracia contra a ditadura de direita ou de esquerda" (Paulo Freire).

Em uma manhã de fevereiro de 1992, logo no início do ano letivo, tive a oportunidade de passar algumas prazerosas e encantadoras horas na companhia de Paulo Freire. Fazíamos uma entrevista, cuja finalidade era se transformar em um depoimento, publicado, em 1997, no livro *Rememória – Entrevistas sobre o Brasil do século XX* (Fundação Perseu Abramo). Grande aula naquele dia.

Enquanto conversávamos na sala da casa em que vivia com Nita Freire, distraí-me por um minuto, ao observar um aparelho de som sobre um aparador mais ao fundo. Toca-discos ainda era um objeto comum, numa época em que os CDs – agora já rumando para a obsolescência – estavam apenas iniciando sua difusão mais acelerada. Durante a entrevista, como uma deliciosa trilha sonora, havia uma música de Bach rodando em um *compact disc*. No entanto, minha atenção dirigia-se a alguns antigos discos de vinil alinhados sob o móvel, o mais visível com músicas de Geraldo Vandré.

No mesmo instante, vendo a capa do disco, seja por ser começo de mais um ano docente, seja por estar frente a Paulo Freire, alguém que, aos 71 anos, ensinava há mais de meio século, lembrei-me dos versos iniciais da música *O plantador*, de Geraldo Vandré e Hilton Accioly (lançada no disco *Canto geral*, em 1968, em plena ditadura política e durante o exílio de Freire no Chile): "Quanto mais eu ando, mais vejo estrada / Mas se eu não caminho, eu sou é nada. / Se tenho a poeira como companheira, faço da poeira o meu camarada".

Não é, claro, um caminhar para qualquer lugar e de qualquer modo; não é um caminhar errante e desnorteado. É preciso revigorar amiúde o alerta feito pelo mesmo Paulo Freire, em 1997, em *Pedago-*

gia da autonomia (última obra por ele lançada ainda em vida): "Não posso ser professor se não percebo cada vez melhor que, por não ser neutra, minha prática exige de mim uma definição. Uma tomada de posição. Decisão. Ruptura. Exige de mim que escolha entre isto e aquilo. Não posso ser professor a favor de quem quer que seja e a favor de não importa o quê. Não posso ser professor a favor simplesmente do homem ou da humanidade, frase de uma vaguidade demasiado contrastante com a concretude da prática educativa. Sou professor a favor da decência contra o despudor, a favor da liberdade contra o autoritarismo, da autoridade contra a licenciosidade, da democracia contra a ditadura de direita ou de esquerda".

Viver sinceramente o "quanto mais eu ando, mais vejo estrada, mas se eu não caminho, eu sou é nada".

Viver docentemente.

ILUSÃO DE ÉTICA

No final da madrugada de 2 de maio de 1997 (uma sexta-feira, dia chamado de *veneris* no calendário romano da Antiguidade, em homenagem a Vênus, deusa do Amor...), aconteceu a morte do corpo de Paulo Freire.

Estamos, desde então, sem ouvir, de viva voz, o Mestre nos alertando para os riscos da complacência política e da conivência ingênua, sem escutar, dito por ele mesmo, um verbo que preciosamente inventara: "miopisar".

Em Paris, em 1986, ao receber o Prêmio Educação para a Paz da Unesco disse: "De anônimas gentes, sofridas gentes, exploradas gentes aprendi sobretudo que a paz é fundamental, indispensável, mas que a paz implica lutar por ela. A paz se cria, se constrói na e pela superação de realidades sociais perversas. A paz se cria, se constrói na construção incessante da justiça social. Por isso, não creio em nenhum esforço chamado de Educação para a paz que, em lugar de desvelar o mundo das injustiças, o torna opaco e tenta miopisar as suas vítimas".

Miopisar! Deixar míope, dificultar a visão, distorcer o foco. Isso nos lembra a conjuntura atual da República brasileira, na qual muitos daqueles aos quais cabe constitucionalmente a tarefa de proteger a Justiça, a Democracia e a Cidadania, fraturam a honradez e a legitimidade social, impondo, mais do que uma ilusão de ótica, uma ilusão de Ética. É a transformação em "normal" de uma opaca ética do vale-tudo, do uso privado dos recursos públicos, do exercício da autoridade legislativa para tungar benesses particulares, da outorga judiciária para obter a locupletação exclusiva.

É claro que a incúria, a malversação, a prevaricação, a fraude e a negligência são temas cotidianos e recorrentes durante toda a nossa história, mas não precisam continuar sendo... E só não o serão mais se não os considerarmos como inevitáveis, naturais ou, até, "normais". A novidade, porém, é que, no momento em que há mais divulgação e mecanismos legais de defesa contra tais desmandos e tresvarios, parece que o espaço pedagógico não vem tocando muito nesses temas (que não são nada transversais ou oblíquos e, sim, centrais e primordiais).

Paulo Freire ficaria fraternalmente irado! Irado com o entorpecimento que acomete muitas e muitos de nós que atuamos em Educação; ele com certeza brandiria a Pedagogia da Indignação contra a eventual demora em transformar esse contexto nacional eticamente turbulento em um tema gerador diário de nossa reflexão na comunidade escolar, de modo a favorecermos a rejeição ao fatalismo e à cumplicidade involuntária. É provável, também, que nosso saudoso educador pernambucano nos relembrasse que "a melhor maneira que a gente tem de fazer possível amanhã alguma coisa que não é possível de ser feita hoje, é fazer hoje aquilo que hoje pode ser feito. Mas se eu não fizer hoje o que hoje pode ser feito e tentar fazer hoje o que hoje não pode ser feito, dificilmente eu faço amanhã o que hoje também não pude fazer"...

RESPONSABILIDADE SOCIAL É COISA SÉRIA!

Doar livros às bibliotecas, pintar os muros da escola, colocar computadores nas salas de aula são investimentos na comunidade que precisam fazer parte de um processo contínuo. Difícil é explicar isso para muitos empresários. Cada vez mais se fala em Educação como se ela fosse a grande alternativa para a desmontagem da pobreza e da miséria entre nós; mas parte daqueles que enfatizam que o ensino é a principal ferramenta de que dispõe uma nação não tem, de fato, ações efetivas para o fortalecimento da Educação. Algumas empresas utilizam a expressão "responsabilidade social" de forma leviana, não fazem realmente um trabalho de promoção da qualidade de vida de uma comunidade e substituem aquilo que era de natureza filantrópica pela nova expressão.

Há situações em que empresas supõem que basta fazer doações, sendo que a maioria dessas é episódica e fragmentada, e, aí, fica visível o descompasso entre discurso e prática; afinal de contas, ações eventuais se aproximam muito mais da ideia de caridade do que de justiça. Responsabilidade social não é, claro, exclusiva dos governos, também o é da sociedade, do empresário, do cidadão em geral.

É o caso, por exemplo, dos conselhos de escolas e associações de pais e mestres; são muito importantes, mas essas iniciativas não podem servir para suprir o que falta na obrigação alheia e, sim, têm de ser complementares e fazer crescer o que já deveria ser bom. A democracia exige (e não podemos nos distrair) um governo do povo, com o povo e pelo povo. Assim, enquanto reivindicamos dos governos aquilo que é de responsabilidade pública, precisamos, também, da atuação cidadã, para levar adiante a promoção do estado de bem-estar social coletivo.

É claro que seria desmesurado imaginar que a iniciativa privada não faz mais do que a obrigação: uma empresa que dá consistência à capacidade de vida de uma comunidade demonstra inteligência estratégica e visão de futuro. Nesse sentido, e ainda mais num país com as proporções do Brasil, nunca existe investimento social excedente, desnecessário, exagerado. Não se fala tanto em mercado livre? Então, podemos também falar e defender a ação social livre...

A lógica nessa reflexão não é, evidentemente, desmerecer o que fazem inúmeras empresas, mas atentar para que em Educação não nos deslumbremos com pequenos atos anunciados em grande estilo. Afinal, quando se fala em responsabilidade, dois elementos se justapõem: há a responsabilidade autoatribuída e a que vem de fora. Ora, aquilo que alguém nos atribui ou impõe não é uma liberalidade ética, é obrigação legal ou hierárquica. Dessa forma, felizmente, há aqueles no empresariado que encaram o investimento em Educação como uma questão ética, indo além do que dita a obrigatoriedade constitucional.

É preciso compreender bem o que realmente é responsabilidade social para que esse conceito não se reduza a um simples sequestro semântico.

PRIMAVERA DO PATRIARCA

Pouco mais de um mês após a morte de Paulo Freire, publiquei uma reflexão sobre ele e a sedução da esperança (*Fluxo*, 1997), e gostaria de celebrar essa lembrança com a retomada de um trecho daquela mesma homenagem, pois penso que mantém-se dela a vivacidade.

Paulo Freire (1921-1997) foi uma pessoa encantadora nas múltiplas acepções que esse adjetivo carrega. Encantava as pessoas (no sentido de enfeitiçá-las) com sua figura miúda (grande por dentro), seu sotaque pernambucano (jamais abandonado) e sua barba bem-cuidada (herança profética).

Seu maior poder de encantar tinha, no entanto, outra fonte: uma inesgotável incapacidade de desistir. De algumas pessoas se diz que são incapazes de fazer o mal, são incapazes de matar uma mosca, são incapazes de ofender alguém; Paulo Freire sofria (felizmente para nós) dessa outra incapacidade: não perdia a esperança.

Cabe perguntar: Esperança em quê? Na reinvenção do humano, na necessidade de se inconformar com as coisas no modo como estão! Dizia ele que "uma das condições fundamentais é tornar possível o que parece não ser possível. A gente tem que lutar para tornar possível o que ainda não é possível. Isto faz parte da tarefa histórica de redesenhar e reconstruir o mundo".

Tarefa histórica era uma expressão muito usada por Paulo Freire; ora, de quem recebera ele essa tarefa? De si mesmo, na sua relação com o mundo real; sua consciência ética apontava sempre como imperativa a obra perene da construção da felicidade coletiva.

Ele encarnou, como poucos, um dos ideais da Grécia clássica que dizia ser a Eudaimonia o objetivo maior da Política (da vida na *polis*); literalmente eu/bem + daimonia/espírito interior, significaria paz de espírito, mas sua tradução oferece um ótimo trocadilho em português: felicidade e, também, feliz/cidade.

Foi exatamente esse ideal (a política como busca da felicidade de todos e todas) que conduziu

Paulo Freire para a Educação e, nela, para a prática libertadora.

Muitas vezes, ao se avaliar a importância da obra de Paulo Freire e o impacto que causou na realidade brasileira e internacional, foi comum tachá-lo de "incompreendido". Grande engano! Ele foi muito bem compreendido e, por isso mesmo, é amado e admirado por muitos e rejeitado por outros tantos.

Paulo Freire não era (e nem poderia ser) uma unanimidade; fez uma opção pelo enfrentamento político e existencial e, dessa forma, só um resultado anódino de suas ideias e práticas conseguiria situá-lo no altar ascético (e inerme) daqueles que são aceitos por qualquer um. Afinal, mede-se, também, o alcance do que se faz pela qualidade dos adversários que se encontra e das oposições que se manifestam.

O ideal freireano, felizmente, continua robustecido e vivo para as educadoras e educadores que sustentam a força da esperança e recusam-se a admitir a falência da felicidade.

Esse, sim, é um ideal perene e amoroso.

EDUCAÇÃO PARA A SENSATEZ

Uma das obras mais importantes para compreendermos os caminhos tortuosos e os desatinos que eventualmente as ações governamentais e manifestações sociais podem adquirir é um estudo da historiadora norte-americana (duas vezes vencedora do Prêmio Pulitzer de Literatura) Barbara W. Tuchman, chamado *A marcha da insensatez*. Nele, a autora percorre panoramicamente a história, desde os primórdios gregos até os anos 70 do século XX, para identificar inúmeras situações nas quais os governantes – e também o povo – em diferentes nações e continentes, tomaram decisões e assumiram posturas contrárias ao que seria sensato.

Essa pesquisa, a ser lida e relida com atenção, especialmente na nossa atualidade, tem uma epígrafe extraída da clássica *As máscaras de Deus: mitologia pri-*

mitiva, de Joseph Campbell. Ei-la, resumida: "Não vejo razão alguma que possa induzir alguém a supor que, no futuro, os mesmos argumentos já escutados não venham a ressoar ainda [...] trazidos à luz por homens sensatos para fins sensatos, ou por criaturas ensandecidas visando ao absurdo e ao desastre".

Frente aos desnorteantes fatos presenciados pelo mundo nos turbulentos dias que se passam, é preciso que o educador tenha muita sapiência (e paciência) ao debater o assunto em sala de aula.

Essa cautela busca não favorecer o alastramento da compreensão ingênua e simplória sobre a identificação e incriminação dos responsáveis pelo terrorismo em suas variadas manifestações. Ao mesmo tempo, necessita evitar a interpretação indigente e precária sobre as intenções hegemônicas. Basta observar como foi fácil, passados os primeiros instantes de estupefação logo após alguns atentados, eleger rapidamente pessoas para serem os verdadeiros, exclusivos e únicos responsáveis, tal qual fez o nazismo no seu nascedouro em relação aos judeus.

Assim, juntaram-se às vítimas do terrorismo direto também aquelas que foram (e ainda são) levianamente tachadas como cúmplices ou simpatizantes; muitas dessas pessoas tornaram-se vítimas do desejo de desforra cega, ficando soterradas por injúrias, preconceitos e acusações genéricas.

A insensatez vem à tona em circunstâncias como essas. Há uma quebra na nossa visão de alteridade, isto é, na capacidade de perceber o outro como um outro e não como um estranho.

Vai por terra desse modo a compreensão do que significa antropodiversidade, a diversidade humana como riqueza e parte da imprescindível biodiversidade. Passa-se a entender a diferença cultural, étnica e religiosa como sendo um defeito. Ora, a diferença é um elemento basilar para a pluralidade humana e a multiculturalidade é uma grande resposta à nossa capacidade de inovar, modificar, reinventar.

Porém, o reconhecimento das diferenças não pode conduzir à exaltação da desigualdade, dado que a igualdade é conceito ético, relativo à dignidade coletiva; por isso, homens e mulheres, ocidentais e orientais, brancos e negros, árabes e judeus – somos todos diferentes, nunca desiguais.

Compreender é diferente de aceitar; mas aceitar ou rejeitar antes de ter compreendido é puro preconceito, e a isso a escola não pode dar guarida.

A PATA NADA, MAS SERÁ QUE AINDA BRINCA?

O mundo está mudando! A rapidez das alterações é tão inédita que, por exemplo, o aluno que entrou agora no 1º ano do Ensino Fundamental, antes mesmo de ele botar o pezinho para ser alfabetizado por nós na escola, antes de ter contato mais intenso conosco, educadores e educadoras, já tinha assistido a mais de 5.000 horas de televisão. Calcula-se que uma criança assista, em média, 3 horas de TV por dia (1.000 horas por ano!), a partir dos dois anos de idade; portanto dos dois anos aos seis anos, quando ela entra no Ensino Fundamental, teve contato com milhares e milhares de informações e estímulos.

E é assim que ela chega na escola, senta no primeiro dia de aula e fica esperando... E nós, quantas vezes, começamos a aula dizendo: "A pata nada".

Não se confunda conhecimento com informação. Conhecimento é seletivo, informação é cumulativa. A nossa escola, de maneira geral, principalmente a escola mais atrasada, nos passou fortemente a ideia de que informação era conhecimento. E não é. Informação, repita-se, é cumulativa, enquanto conhecimento é seletivo. Por isso uma das tarefas fundamentais da família e da escola é ajudar as crianças e jovens a desenvolverem critérios de seleção, em vez de soterrá-los com informações.

Velocidade, movimento, correria... As crianças também são induzidas a viverem turbinadas; a cada dia se tem menos tempo, levanta-se mais cedo e vai-se deitar mais tarde. E vai-se deitar com débito, achando que deveria estar acordado ainda, fazendo coisas... A ciência nos prometeu, há cem anos, no início do século XX que, quanto mais tecnologia, mais tempo livre, e nós estamos numa explosão tecnológica, quase sem tempo nenhum... Hoje há crianças de seis anos que não têm tempo para nada. Elas têm agenda de executivo! Você olha, essa criança já está neurótica... Não pode ficar parada, brincando: a família tem que preencher o tempo dela com tarefas, a escola também tem que dar tarefas...

Tem escola, inclusive, que enche a criança de tarefas na sexta-feira para trazer na segunda. É um crime contra a infância! Sabe o que faz o aluno? Passa o final de semana preocupado com aquilo, não faz, vai fazer somente no domingo à noite depois que está cansado, quase dormindo em cima do caderno e vai criar raiva em relação ao nosso trabalho. Nós dizemos assim: "Ah, mas é preciso..." É preciso ou será que é questão de planejamento? Nenhum de nós, professor ou professora, gosta de levar trabalho para casa, por que o aluno gostaria? Nós levamos, temos que levar trabalho para corrigir, planejamento etc. Mas, se pudéssemos, não levaríamos!

Quem confunde os conceitos, sufoca os alunos com informação, achando que eles precisam saber tudo o que está programado e, como nunca dá tempo de cumprir o programa, eles, discentes, não sentem prazer com aquilo que fazem e ficam o tempo todo atarefados com tantas lições (que a família até acha que isso é um sinal de uma escola boa). Existe algum erro de planejamento da escola ou da família quando a criança não tem tempo para brincar. Criança tem que brincar. É assim que também se aprende. Aprende-se com o outro, com a imaginação, com o lúdico.

A pata brinca, além de nadar...

SEM TEMPO A PERDER

Férias! Sonho de vários: aproveitar o tempo livre! Então, vai ao *fast-food*... Para que serve o *fast-food*? Ele deveria ser uma opção de alimento, não um sinal de exclusiva qualidade. Parece que muitas crianças são dotadas de um sistema de comunicação de massa que as impulsiona a dizer o tempo todo: "Se você não come lá, você é menos". Esse é um sistema, mas há um outro, que é a pressão do dia a dia. É mais prático levar as crianças para comer no *fast-food* porque lá elas não dão tanto trabalho. Além disso, adoram. Sabe por que elas adoram? O que pode lá que não pode em casa? Escolher a comida e, atenção, escolhe-se pelo número. Você para, olha e aponta, como qualquer outro primata não hominídeo faria. A combinação é a mesma; você não precisa raciocinar, já está pronto. É a mesma comida, com o mesmo gosto, em qualquer lugar.

É por isso que as pessoas são capazes de ir a Paris ou Caruaru e, em vez de experimentar o novo e aprender, vão atrás do familiar, procuram aquilo que já conheciam, o que significa uma redundância: ficam onde estavam, no lugar de aumentar a experiência da saborosidade. Por que crianças gostam de restaurante *fast-food*? Primeiro: elas podem escolher e não precisam pensar. Segundo: não demora. Terceiro: o que pode fazer lá? Sujar. Pode sujar à vontade, derrubar, fazer o que quiser, não precisa cuidar. Aliás, tudo é descartável.

No restaurante *fast-food* também pode-se (e deve-se) comer com as mãos. A humanidade passou séculos tentando não comer com a mão, milênios para desenvolver talheres e pratos. Lá você ganha a comida num saco de papel. Quem ganhava a comida num saco de papel até 20 anos atrás era cachorro. E você ainda acha que aquilo é qualidade, porque o saco de papel é colorido e está escrito que ele é reciclado. Você pega a sua comida, que murcha dentro daquele saco – porque fica abafado e com o mesmo cheiro –, tanto faz o que você come, o sabor será o mesmo, mas é reciclável, é natural, e ainda por cima não precisa mastigar. Olha que delícia! Em casa você é obrigado a mastigar. No *fast-food* não precisa porque aquilo é tão mole que você põe na boca e engole.

Vamos ao *fast-food* para conversar? Não, porque você entra, olha a placa, escolhe, paga, o vendedor entrega a comida em 40 segundos numa bandeja, você pega aquilo e procura um lugar para sentar. Nunca a cadeira e a mesa são compatíveis. Não pode ser confortável porque se for confortável você fica, e *fast-food* não é para ficar e, sim, sair logo, girando o movimento.

Agora, o ápice da modernidade e da "qualidade de vida": o *drive-thru*. A lógica é essa: você entra com o carro, fala com uma máquina, dá uma volta, e quando chega do lado de lá, a pessoa entrega para você um saco de comida, um saco com bebida e você sai comendo, bebendo, guiando e falando ao celular ao mesmo tempo. Ganhando tempo. Tempo para quê? Essa é uma questão. Está ganhando tempo para quê?

A POSSÍVEL UTOPIA

Violência. Não dá para não pensar sobre isso, e, pior, a preocupação vem emergindo nestes anos como uma aparentemente invencível fatalidade. É imprescindível não invisibilizar o assunto no interior das escolas, pois, hoje, violência não é mero "tema transversal". Por isso, há alguns anos fiz uma reflexão na revista *Linha Direta* da qual, pela triste atualidade, recupero agora um trecho.

"A violência é tema aterrorizante em nosso cotidiano; poucos deixam de ter alguma experiência (própria ou próxima) com ela, sejam os assaltos e latrocínios, sejam os sequestros (relâmpagos ou não) e as ameaças à integridade física e patrimonial, nas casas, escolas e ruas. A mídia se refestela; mesmo levando em conta sua tarefa de informar e alertar, é preciso lembrar que há tempos não havia um assunto tão sedutor. Violência é notícia; má notícia, mas, infelizmente, e, por isso mesmo, mais atraente. A mórbida relação pânico/salvação (fundamento, também, de algumas religiões e vários partidos políticos liberticidas) invadiu as preocupações da população; mostra-se o fato, instaura-se o pânico, anuncia-se a salvação.

Diagnóstico mais comum para a situação? Falta de firmeza e excesso de impunidade. Terapias recomendadas (algumas delirantes, outras demagógicas e, muitas, equivocadas): pena de morte, presídios em profusão, truculência policial, abrigos de 'segurança máxima' para menores, diminuição da maioridade penal etc.

Ora, todas as formas de violência mencionadas precisam ser combatidas e extintas; são inaceitáveis e merecem urgência no enfrentamento de suas causas e na prevenção de seus efeitos. Porém, não são as únicas, não estão sozinhas; as demais (e as há em grande quantidade) são obscurecidas por aquelas que vêm tendo destaque exclusivista. Essas outras violências (contra os corpos e as mentes) favorecem (mas não tornam justas) as que estão em evidência".

No mesmo ano, outra reflexão, na revista *Família Cristã*:

"Quem já não disse (às vezes silenciosamente) ou, até, bradou em alta voz: 'Paz! Eu quero paz; quero ficar em paz. Eu só queria um pouquinho de paz'?

Porém, não existe paz individual e solitária; não existe um humano sem os outros. Ser humano é ser junto. É necessário negar a afirmação liberticida de que 'a minha liberdade acaba quando começa a do outro'. A minha liberdade acaba quando acaba a do outro; se algum humano ou humana não é livre, ninguém é livre.

Se alguém não for livre da fome, ninguém é livre da fome. Se algum homem ou mulher não for livre da discriminação, ninguém é livre da discriminação. Se alguma criança não for livre da falta de escola, de família, de lazer, ninguém é livre.

Por isso, é preciso que à paz (para que ela se efetive) se acresça a justiça. E o que é justiça? É todos e todas terem paz".

Essa utopia ainda vale? Precisa valer.

A IDADE DO SABER

O mundo está mudando, bradam muitos, ainda atordoados pelas dificuldades que a escola encontra hoje para dar conta do que a ela atribuem. A questão central não é a mudança em si, mas o modo como nos preparamos para enfrentá-la ou aproveitá-la. Está na hora de praticarmos com mais afinco o que costumamos dizer a alunos e alunas: aprender sempre é o que mais impede que nos tornemos prisioneiros de situações que, por serem inéditas, não saberíamos enfrentar. Temos um "defeito" natural que acaba por se tornar nossa maior vantagem: não nascemos sabendo!

Por isso, aqueles ou aquelas entre nós que imaginarem que nada mais precisam aprender ou, pior ainda, não têm mais idade para aprender, estão-se enclausurando dentro de um limite que desumaniza e, ao mesmo tempo, torna frágil a principal habilidade humana: a audácia de escapar daquilo que parece não ter saída. Afinal, do nascimento ao final da existência individual, aprendemos (e ensinamos) sem parar; o que caracteriza um ser humano é a capacidade de inventar, criar, inovar, e isso é resultado do fato de não nascermos já prontos e acabados.

Daí ser necessário rever nossa concepção sobre a fonte da Competência. Ora, nos tempos atuais, ela é mais ainda uma condição coletiva. Até algum tempo atrás, a competência era entendida como algo individual; agora, tendo em vista a interdependência existente e a profusão de novos saberes em uma velocidade cada vez maior, é preciso pensar que, em um grupo, equipe ou instituição, se alguém perde ou diminui a sua competência, todos no grupo a perdem ou diminuem.

Nesse sentido, é urgente que haja na organização do trabalho uma permeabilidade de Educação continuada, em que as pessoas estejam se educando permanente e reciprocamente. Portanto, é necessária a criação de um ambiente educativo, um ambiente pedagógico, no qual caiba a possibilidade de as pessoas se ensinarem e aprenderem ao mesmo tempo umas com as outras. Nessas organizações devem imperar dois princípios: "quem sabe reparte" e "quem não sabe procura".

Tudo isso nos coloca um desafio: a capacidade de sermos mais flexíveis. Porém, flexibilidade é diferente de volubilidade. Ser flexível significa ser capaz de, sem alterar seus princípios e valores básicos, enxergar e viver a realidade de outros modos; por sua vez, ser volúvel é mudar de posição ou opinião sem se apoiar em convicções e simplesmente se deixar levar pelas circunstâncias imediatas. A flexibilidade se caracteriza pela capacidade de romper algumas amarras e preconceitos que tornam alguém refém de uma condição que, parecendo segura e confortável, pode ser indicadora de indigência e fragilidade intelectual.

Vale sempre lembrar a frase do fictício detetive chinês Charlie Chan: "Mente humana é como paraquedas; funciona melhor aberta"...

POLÍTICA É CIDADANIA

Existe uma tendência a excluir a relação direta entre política e cidadania, criando uma rejeição curiosa à política e valorizando a cidadania, como se fossem termos diversos. Há um vínculo inclusive de natureza semântica entre as duas palavras, que, objetivamente, significam a mesma coisa.

A noção de política está apoiada num vocábulo grego, *polis* (cidade), e cidadania se baseia em um vocábulo latino correspondente, *civitatem*. Embora a origem etimológica seja diferente, os dois termos propõem que se pense na ação da vida em sociedade (ou seja, em cidade). Isso significa que não é possível apartar ou separar os conceitos.

Hoje encontramos uma série de discursos, lemas e planos pedagógicos e governamentais que falam em cidadania como se ela fosse uma dimensão superior à política. Muito se diz que a tarefa da escola é a promoção da cidadania, sem interferência da política. Não se menciona o conceito de política, como se ele fosse estranho ao trabalho educacional; com isso, pretende-se dar à cidadania um ar de ideia nobre, honesta, de valor positivo. Sob essa ótica, política é sinônimo de sujeira, patifaria, corrupção. Claro que não é assim.

Ambas as palavras e ações se identificam. É preciso recusar a recusa do termo política no espaço educacional! Ainda temos essa rejeição ao conceito, como se ele pertencesse a uma área menos significativa e menos decente do que a cidadania. Ora, não se deve temer a identidade dos conceitos, pois só assim é possível construir cidadania, no sentido político do termo: bem comum, igualdade social e dignidade coletiva.

Assim, é necessário debater a política, e isso é debater a cidadania. Falar em política envolve também os partidos, mas não se esgota neles. É toda e qualquer ação em sociedade; portanto, toda e qualquer ação em família, em instituições religiosas e sociais, no mundo das relações de trabalho.

Em um momento em que nosso país tem claramente a necessidade de um revigoramento do processo democrático não é aceitável – porque poderá ganhar um ar conservador e até reacionário – admitir que é princípio da escola "não meter-se em política". Ao contrário, é porque se meterá em política que a cidadania se reinventa. Porém, não é tarefa da escola a promoção da política partidária, porque partido ou é uma questão de foro íntimo ou deve se dar nos seus espaços próprios. É imprescindível levar esse tema para o debate no projeto pedagógico da escola, sem assumir um viés partidário e sem, porém, invisibilizar o conhecimento das múltiplas posturas.

Há uma diferença entre partidarizar e politizar. Mas a política, no sentido amplo de cuidar da vida coletiva e da sociedade, ela é, sim, obrigação escolar e componente essencial do currículo. Não pode a escola furtar-se ao mundo da política, porque isso implicaria diretamente na impossibilidade da cidadania.

DEMOCRACIA COMO EDUCAÇÃO COLETIVA

Há alguns momentos da vida nacional em que as reclamações e impropérios mais inéditos dirigem-se especialmente contra o processo eleitoral. Aquele momento democrático das eleições – tão ansiosamente desejado e a duras penas conquistado em uma história excludente – torna-se para muitos um incômodo e motivo de irritação.

Fica, inclusive, um hábito recorrente: vociferar contra a perturbação do aparente sossego no qual se supunha estar e, agora, afrontar a exigência de ter de fazer escolhas, participar, tomar partido. Quase que se diria: *"Democracia dá muito trabalho. Atrapalha o trânsito. Ocupa o tempo televisivo com aquela obsessão ansiada por alguns. Polui as ruas das cidades repletas de cartazes, faixas, carros de sons, bandeiras. Invade o espaço do rádio de forma intermitente, parecendo uma infinda 'Voz do Brasil' recheada só com propostas partidárias, promessas e planos".*

Democracia irrita? Não deveria. Quase toda a nossa história republicana – sem contar a totalidade do Período Colonial e do Imperial – foi sem a democracia. Ora, não esqueçamos jamais: em mais de meio milênio desde que a nação foi fundada não tivemos ainda nem 10% desse tempo com democracia formal plena; afinal, somente nas eleições de 1989, cem anos após a Proclamação da República, todos os cidadãos e cidadãs puderam participar do pleito, sem ter os direitos políticos sequestrados, por serem vítimas sociais do analfabetismo.

Em função disso, ao contrário do tolo vaticínio que supunha a incapacidade popular de fazer escolhas adequadas, foi exatamente a partir da garantia desse direito constitucional que o nosso país passou a contar com inúmeras experiências de gestão municipal e estadual voltadas para os interesses da maioria, além de parlamentos (nos três níveis) compostos por muitas pessoas marcadas pela lisura, honestidade e comprometimento público.

Não é, claro, condição majoritária, da qual já possamos nos regozijar e proclamar a vitória da ética sobre a patifaria e a rapinagem; mas, sem dúvida, falhou a profecia daqueles que imaginavam que, quanto mais presença popular massiva nas práticas democráticas, mais se afastaria o país da "direção correta".

Por isso mesmo, em sua derradeira obra escrita em vida, Paulo Freire afirmou que "para me resguardar das artimanhas da ideologia, não posso nem devo me fechar aos outros, nem tampouco me enclausurar no ciclo da minha verdade. Pelo contrário, o melhor caminho para guardar viva e desperta a minha capacidade de pensar certo, de ver com acuidade, de ouvir com respeito, por isso de forma exigente, é me deixar exposto às diferenças, é recusar posições dogmáticas, em que me admita como proprietário da verdade".

Na democracia é preciso ouvir, prestar atenção, dispor-se ao envolvimento, recusar a passividade, rejeitar a conivência e acolher a decisão da maioria.

A democracia educa a nossa convivência e, mais do que tudo, permite que sejam renovadas as nossas utopias.

O IRÔNICO SORRISO DO GATO

Certa vez, participando de um congresso sobre o "Professor e a Leitura de Jornal", pudemos debater sobre a "overdose" ferramental que invade cada vez mais o cotidiano social e, sem dúvida, também o mundo da escola.

Relembrávamos, nesse debate, de uma das mais contundentes reflexões sobre a vida humana e que não pode ser esquecida, tamanha é a importância que carrega, também, para o debate pedagógico: *Alice no País das Maravilhas*, escrita no século XIX pelo matemático inglês Charles Dodgson (que deu a si mesmo o apelido Lewis Carroll).

Nessa obra, Alice está atrás de um coelho e cai em um mundo desconhecido (cai para dentro dela mesma...). Entre as inúmeras personagens fantásticas da obra, duas estão muito próximas de nós: uma é um coelho que está sempre atrasado, correndo para lá e para cá com o relógio na mão; a outra é um gato do qual somente aparece o sorriso, somente ficam visíveis os dentes e, às vezes, o rabo. Tem uma cena que a gente não deve ocultar, principalmente quando se fala em ferramentas para o trabalho pedagógico e, muitas vezes, da percepção equivocada da tecnologia como redentora da Educação: o encontro de Alice com o gato. Contando resumidamente (o fiz também no meu livro *Não nascemos prontos!*), na cena Alice está perdida, andando naquele lugar e de repente vê no alto da árvore o gato. Só o rabão do gato e aquele sorriso. Ela olha para ele lá em cima e diz assim: "Você pode me ajudar?" Ele falou: "Sim, pois não". "Para onde vai essa estrada?", pergunta ela. Ele respondeu com outra pergunta (que sempre devemos nos fazer): "Para onde você quer ir?" Ela disse: "Eu não sei; estou perdida". Ele, então, diz assim: "Para quem não sabe para onde vai, qualquer caminho serve"...

Para quem não sabe para onde vai, serve de qualquer maneira o jornal, a revista, o livro, a internet, o vídeo, o cinema etc. E aí qualquer um de nós, na ansiedade de modernizar o modelo pedagógico, eletrifica sofregamente a sala de aula ou, mais desesperadamente, sonha em fazer isso, imaginando o quanto o trabalho seria espetacular com esses instrumentos. Daí, se possível, enche de coisa eletrônica, como se, para fazer algo que interesse às pessoas, precisasse de aparelhos eletrônicos ligados para todo o lado, dizendo que, como os alunos estão habituados com isso, necessitamos modernizar o ensino.

Depende da finalidade, de para onde se desejar ir; se você sabe para onde quer ir, vai usar a ferramenta adequada. O que se deve modernizar não é primeiramente a ferramenta, mas sim o tratamento intencional dado ao conteúdo!

Por isso, é preciso trazer sempre na memória o ditado chinês que diz: "Quando você aponta a lua bela e brilhante, o tolo olha atentamente a ponta do seu dedo".

ESPECIAL HUMILDADE

Paulo Freire, como saudável hábito, permanece educando as desejáveis virtudes. O que suscita surpresa é Paulo Freire mesmo relativizar, com honestidade, o poder daquilo que escreveu.

Em setembro de 1994, Paulo Freire concedeu uma entrevista à educadora equatoriana Rosa Maria Torres, grande estudiosa e conhecedora da obra do inestimável mestre que, naquele mesmo mês, completava 73 anos. A conversa só foi publicada de fato na Argentina, em maio de 1997, poucos dias após o falecimento de Paulo Freire, mas, em 2001, quando ele faria 80 anos, saiu uma tradução em português no livro *Pedagogia dos sonhos possíveis* (Unesp), organizado por sua mulher, a educadora Ana Maria Araújo Freire.

No diálogo, os temas prioritários foram a valorização do trabalho docente, a formação permanente, a necessidade de recuperação salarial, a importância específica de algumas greves do magistério, o perigo dos discursos eleitorais oportunistas etc. No entanto, o que mais chamou a atenção foi quando, ao falar sobre o papel das greves, disse: "Se eu pudesse ter mais influência através dos meus livros, através da minha postura e da minha posição, convidaria o magistério e seus dirigentes a reexaminar as táticas de luta. Não para abandoná-las. Eu seria o último a dizer aos professores 'Não lutem'. Eu gostaria de morrer deixando uma mensagem de luta".

Tanto tempo após a entrevista, o mais espantoso nessa frase não é evidentemente o conteúdo que ela carrega; afinal, Paulo Freire sempre deixou claro que as táticas pela luta contínua na melhoria da Educação não excluíam, mas também não se esgotavam nas paralisações reivindicatórias eventuais. O que suscita surpresa é a humildade verdadeira que manifesta ao relativizar, ele mesmo, com honestidade, o poder de seus escritos e ensinamentos. O mestre levanta dúvidas pessoais sobre o peso da autoridade de suas obras e ações, a ponto de afirmar "se eu pudesse ter mais influência..."

Vai além. Usa na fala reproduzida antes o verbo no futuro do pretérito: "Eu gostaria de morrer deixando uma mensagem de luta". Ora, o que mais fez durante toda a existência adulta? Por acaso seria aceitável supor que o conjunto da obra que viveu e publicou tenha deixado em algum instante de ser uma perene e abrasiva mensagem de ânimo combativo e crítica edificante? Esse "eu gostaria" sugere um desejo que nos parece estranho, pois, antes de tudo, o que fez incansavelmente, e assim o honramos, foi impedir que aceitássemos o falecimento da esperança.

Aí está a chave. Embora nos seja óbvia, a contribuição que Paulo Freire jamais deixou de oferecer para advertir as nossas conformidades e entusiasmar as nossas intenções, ele próprio não se admitia definitivo, concluído, encerrado. Continuava, com mais de 70 anos, um ser em construção e, desse modo, em aprendizados permanentes e aspirações elevadas.

Há uma ironia etimológica. Seu nome inicial vem do latim *paulus* que significa "pequeno"; o vocábulo "humildade" por sua vez é oriundo da adjetivação (também latina) *humilis*, com o sentido de "pouca estatura", pois tem origem no substantivo húmus (terra ou solo, o que nos está abaixo), mas da mesma raiz indo-europeia para "humano".

Grande lição. Ser capaz de crescer porque ainda se considerava pequeno.

NO MEIO DE NÓS

Livro de Ciências, quinto ano, está lá o assunto "o corpo humano". Você abre o livro e tem um desenho do corpo humano, com um sujeito alto, forte, louro e de olhos azuis, um sueco. No Brasil, uma criança – que não é muito daquele jeito – vê o desenho, olha em redor, olha para si mesma, não se reconhece. O corpo no desenho não faz muito sentido para ela.

Na escola, estudamos um pouco de mitologia greco-romana. A gente sabe quem foi Atenas, Zeus, Apolo. Mas diga o nome de uma divindade nagô? Nós tivemos alguma noção de quem foram os imperadores romanos, ouvimos falar de Nero, Marco Aurélio, mas poucos de nós saberiam dizer um nome de rei banto. Isso é deslize essencial porque também são poucos os que sabem que bantos e nagôs ajudaram a formar parte desta nação.

Quando o Rio de Janeiro transformou o dia 20 de novembro – Zumbi dos Palmares – em um feriado, muita gente riu. Por quê? Acostumamo-nos a pensar no dia 12 de outubro, por exemplo, como um dia importante – é quando homenageamos uma das crenças mais fortes da população católica. Mas o dia 20 de novembro também merece um feriado, assim como outras datas.

Muitos pensam: "mais um feriado num país que tem tanto feriado". Mas onde já se viu não ser capaz de homenagear uma das forças que montou essa nação? O preconceito cresce quando ninguém é capaz de discuti-lo. E está disseminado em ações e frases aparentemente banais. Afinal, você nunca comprou um curativo "cor da pele"? Numa sociedade que tem só 42% de pessoas brancas, vale perguntar: "Cor da pele de quem?"

Muitos educadores defendem que a escola não discrimina. Mas se o material didático não trata da questão multirracial, a discriminação está lá. Nós não somos todos como eu, descendente de europeus. Para mim, desde criança, os livros faziam sentido. Neles, todos eram como eu. Aliás, quando eu era criança, os negros só apareciam no livro de

História, e como escravos. Nunca apareciam sob outro aspecto, quando se falava em corpo humano, por exemplo.

O grande teólogo Leonardo Boff diz sempre e repito com convicção: "Um ponto de vista é a vista a partir de um ponto". Se a escola não descarrega essa multiplicidade de pontos de vista, ela impregna a nossa amorosidade de incompetência à medida que discrimina, rejeita ou, o que é pior, "invisibiliza".

A escola só será mais competente se nós formos capazes de valorizar a diferença. Mas, atenção, é sempre bom insistir, como já antes aqui afirmado: valorizar a diferença não significa exaltar a desigualdade. Diferença é um conceito cultural e igualdade é um conceito ético. Homens e mulheres, brancos e negros, brasileiros e estrangeiros: somos todos diferentes, jamais desiguais.

A MELHOR PARCERIA

Afirma-se que, nos últimos 50 anos, tivemos mais desenvolvimento da tecnologia do que em toda a história anterior da humanidade. Em outras palavras, obtivemos, no meio século mais recente, uma exuberância tecnológica superior à soma de todos os outros 39.950 anos anteriores, quando passamos a nos firmar, de fato, como *Homo Sapiens*. Muito veio para melhor, e seria tolo rejeitar a imensa capacidade de proteção e cuidado com a vida que conseguimos.

No entanto, algumas das nossas ferramentas de comunicação podem se tornar, por descuido ou comodidade, uma perigosa tecnologia de incomunicação. Por exemplo: Televisão é uma coisa boa? Ótima; fundamental para a informação e entretenimento. Só que ela não pode viciar e eliminar a convivência. Fernando Sabino, grande escritor mineiro, diz que a televisão é o chiclete dos olhos: você para e fica. O que a televisão fez em muitas famílias? Tirou a conversa. Há pessoas que são capazes de ficar juntas, por cinco horas, assistindo televisão, sem fazer nenhum comentário. Ora, que relação é essa? Quem domina quem?

O pior é que muita gente acha que não se pode conversar enquanto se vê televisão. Você está ali, assistindo ao telejornal, e o filho fala: "Viu, pai..." E o pai: "Me mato de trabalhar, não posso nem assistir ao jornal?" O menino fica quieto e vai escapando pelos cantos. A filha chega: "Mãe, hoje eu vi uma coisa..." A mãe responde: "Minha novela, a única alegria na vida que eu tenho é a novela". Já imaginou uma criança de 13 anos ouvir que a única alegria da mãe é uma novela? Sabe o que essa menina faz? Escapa.

Para onde eles vão? Para alguém que abrir os braços para eles. Tem muita gente esperta esperando de braços abertos. Muitos filhos caem nas mãos de quem abre os braços para eles: a droga. Achamos que as drogas atraem os jovens, mas, às vezes, nós é que empurramos os filhos para elas, sem prestar atenção.

Mas pode acontecer uma coisa ainda pior: eles não conviverem com adultos. Qual o único adulto que eles vão conviver no dia a dia? Conosco, na escola. E, então, é encrenca pura. Se eles são de classe média, no máximo convivem com a empregada, para quem dão ordens. Quando esses jovens vêm encontrar conosco na escola fica complicado, porque nós damos ordens a eles. É quando eles dizem: "não vou fazer". E há aqueles que retrucam aos professores: "Eu pago o seu salário". Cria-se uma relação de consumidor, de prestação de serviço.

É por isso que é fundamental a escola reunir pais e professores. Isso faz com que a gente sinta um pouco a nossa responsabilidade educativa, que não é coisa só da escola, nem só da família, é uma parceria.

EXEMPLOS NADA EXEMPLARES

Onde uma criança começa a aprender a falar a verdade? Dentro de casa. Onde ela aprende a mentir? Dentro de casa. Muitas vezes, o pai fala: "Só fale a verdade, não minta. Papai do céu não gosta, a professora não gosta, não faça uma coisa dessas". E, na mesma hora, toca o telefone e ele diz: "Se for fulano, diz que eu não estou. Se for tal pessoa, diz que eu estou no chuveiro". Filhos prestam atenção nessas coisas. Como é que os pais se explicam, depois?

Criança com 4, 5 anos às vezes chega e fala assim: "Mãe, quero dormir na sua cama com você e o papai". A mãe diz: "Não, você não pode". Nem adianta o pequeno dizer que tem medo de dormir sozinho, porque a mãe vai insistir em negar. O filho pede para, pelo menos, dormir com a luz acesa. A mãe não deixa: "Não, você vai ficar com a luz apagada". A criança que quiser entender ainda vai acabar ouvindo o infalível "porque sim". E lá vai esse pequeno, aos 5 anos, dormir sozinho com a luz apagada, tentando entender, na cabecinha dele, por que ele, "desse tamanhinho", dorme sozinho e os pais, que são grandes, dormem juntos. Isso quando o filho não vê a luz acesa no quarto dos pais. Como é que ele vai entender isso? Não vai entender, vai ter de aceitar.

Quantas vezes, no sábado, o pai está fazendo churrasco, comendo uma linguicinha frita, tomando cerveja, enchendo a boca de farofa e a criança fala assim: "Pai, posso tomar um refrigerante?" O pai: "Não, você vai perder o apetite". E ainda fala isso mastigando ou bebendo. E quando algum adulto, em plena quarta-feira, está tomando uma bebida alcoólica e a criança pede para tomar um refrigerante e ninguém deixa. "Bebida, aqui em casa, só no fim de semana."

Tem pai que, ao ser interpelado, faz pior: diz que fala que está bebendo porque precisa relaxar. Cuidado. Ao dizer isso aos filhos pequenos, começa-se a estabelecer uma relação entre bebida e remédio.

Bebida não é remédio. Não se pode estabelecer esse vínculo. "Eu estou cansado, estou estressado, então eu bebo." Muito pelo contrário: bebida alcoólica, para quem aprecia, tem que estar vinculada à alegria, ao prazer.

Um critério básico, inclusive para se ensinar aos filhos, é que se eles forem beber um dia, que o façam somente em momentos de alegria. Nunca beber quando estiverem tristes porque não é essa a finalidade da bebida. Quando se está triste é preciso procurar ou um amigo ou algum outro auxílio. Agora, alegria se partilha, a bebida tem essa finalidade.

"Estou estressado, vou tomar um uísque." O que os filhos vão aprender com isso? Que, quando estiverem estressados, quando tiverem uma prova no dia seguinte ou chateados, eles podem beber. Ou então, quando eles estiverem cansados, vão ao armário onde os pais guardam as bebidas – e a sequência é muitas vezes previsível.

Educação, na escola ou em casa, exige extrema atenção aos exemplos, especialmente aos distraidamente ruins...

O FANTASMA DA EDUCAÇÃO

Uma das óperas que mais gosto é *La Traviata*. Seu autor, Giuseppe Verdi, italiano nascido em outubro de 1813, é por demais conhecido pelos apreciadores desse tipo de obra musical, sempre dramática e na qual ao espetáculo se agrega a música eloquente. Verdi também é revivido quando são encenadas outras das suas grandes composições, como *Nabucco, Rigoletto, Il Trovatore, La Forza del Destino* e, claro, *Aída*.

Por que trazer Verdi à memória quando precisamos pensar em Educação? Não é apenas em função de seu talento operístico ou pela importância inegável que deve ter a música no interior do processo escolar. A razão para lembrar Verdi é um pouco mais prosaica: a escola da época nunca o acolheu muito bem quando jovem, sob o argumento de que a ele faltava mais capacidade ou inventividade, embora – aos 12 anos – já tivesse composto algumas peças. Aos 19 anos, Verdi teve sua matrícula também recusada por um conservatório em Milão, histórico epicentro cultural, e, a partir daí, acumulou muitas outras rejeições.

Verdi não desistiu, mesmo com tropeços, renúncias e negações; seguiu em frente – fustigado por antigos diagnósticos de seus formadores que o apontavam como uma pessoa sem grandes perspectivas – até o completo sucesso, a ponto de a população milanesa ter acorrido em massa ao seu funeral no primeiro ano do século XX. Ainda bem que aqueles que prognosticaram um obscuro futuro para o menino Giuseppe não estavam certos. Ainda bem que os que temos a prática educativa como profissão não somos capazes de acertar sempre em nossos vaticínios.

O mais curioso nessa história exemplar é que a ópera *La Traviata* tem como sua base *A dama das camélias*, um conhecido romance do francês Alexandre Dumas (filho), descendente natural, mas não legal para a época, do famoso pai de mesmo nome, criador de obras inesquecíveis, que povoaram a infância e a juventude de muitos de nós, como *Os três mosqueteiros* e *O conde de Monte Cristo*. Já Dumas Filho – precoce defensor dos direitos femininos e infantis – escreveu a saga de uma cortesã (para usar um eufemismo da época) que abre mão de um profundo amor por um honorável homem e finda a vida descuidada e melancólica, apesar das camélias, pela força destrutiva da tuberculose.

Por que trazer também à tona os Dumas quando devemos refletir sobre Educação? Há 40 anos começava eu o percurso como educador, e animado com a deliciosa obra do pai, fui ler escritos do filho e até hoje sou assombrado (como em óperas de Verdi) pelo fantasma presente em uma de suas angustiantes indagações: "Como é possível que, sendo as criancinhas tão inteligentes, a maioria das pessoas seja tão tola? A Educação deve ter algo a ver com isso".

INTELIGÊNCIA PERSUASIVA

Um dos grandes expoentes da literatura portuguesa é o Padre Manuel Bernardes (1644-1710). Autor de obras impregnadas pelo estilo barroco, ele foi um competente representante da denominada "prosa acadêmica", especialmente pelo que escreveu no livro *Exercícios espirituais*. Agora, pouco mais de 300 anos após a publicação de alguns de seus estudos, vale lembrar o sapiente e poderoso conselho para todos nós que, ao lidarmos com pessoas, sobre elas temos certo nível de autoridade.

Revisitemos o que escreveu Manuel Bernardes em 1686, ao pensar sobre a força da imagem exemplar. "Não há modo de mandar mais forte e suave que o exemplo: persuade sem retórica, impele sem violência, convence sem debate, todas as dúvidas desata e corta caladamente todas as desculpas. Pelo contrário, fazer uma coisa e mandar ou aconselhar outra é querer endireitar a sombra de vara torcida."

Lembrei-me dessa ideia do clássico escritor porque cada vez mais se exige, de nós, o uso de uma inteligência pedagógica que ultrapasse os limites do óbvio no trato com crianças e jovens. Aliás, tem sido recorrente usar a expressão "inteligências múltiplas" para indicar algumas das habilidades necessárias para sobreviver bem no mundo altamente competitivo, veloz e cambiante – fala-se ainda em inteligência emocional, espiritual, corporal, intelectual, organizativa.

Porém, não nos esqueçamos do poder originado da experiência de vida, da famosa e necessária perícia vivencial que, no caso, poderíamos chamar de "inteligência operativa", isto é, um entender e um saber-fazer emanados da prática continuada e reflexiva.

Outro dia, um professor relatou-me uma história escolar que representa bem isso. Em um colégio, disse-me ele, estava acontecendo uma coisa muito fora do comum: um grupo de meninas de 12 anos ia todos os dias ao banheiro, passava batom nos lábios e, para tirar o excesso, beijavam o espelho. O diretor andava preocupado, porque o zelador tinha um trabalho muito grande para tirar as manchas que lá ficavam diariamente; limpo o espelho hoje, amanhã lá estavam os borrões vermelhos de volta. O que fazer? Punir indistintamente? Colocar vigia no banheiro? Fazer uma preleção moral daquelas? Proibir o uso de batom? Discursar sobre a importância de respeitar a atividade de quem faz limpezas? O educador foi em outra direção: chamou todas as meninas ao banheiro, pediu a presença do zelador e disse a ele: "Por favor, mostre a elas o que o senhor tem que fazer todos os dias para deixar tudo limpo". O zelador pegou um pano, molhou no vaso sanitário e passou no espelho. Nunca mais apareceram as marcas.

ACIMA DE SUSPEITAS

Existem grandes e sérios problemas na Educação no nosso país, no campo público ou privado. De quem é a culpa? Não é incomum encontrarmos gente entre nós que diz tranquilamente: "dos alunos". Justificamos, com frequência, as nossas eventuais incompetências acusando os alunos. Aliás, no nosso país ainda é usual muitos atribuírem a responsabilidade do fracasso escolar ao aluno. Seria a mesma coisa que na área hospitalar atribuir-se o fracasso aos pacientes.

Já viu quando, ao sair de alguma turma, um professor entra na nossa sala e diz assim: "Aquela turma lá, dos 40 alunos, 20 vão ficar, para eles verem o que é bom"? Já imaginou que loucura alguém que avalia a qualidade do que faz pelo fracasso que obtém? Já imaginou isso na sala de descanso dos médicos em um hospital qualquer, eles conversando: "aqueles pacientes lá da UTI, dos 20, 10 vão morrer, eles vão ver o que é bom"?

Sempre que posso retomo uma reflexão que desenvolvi mais no livro *Educação, escola e docência* (Cortez): Quantas vezes algum colega nosso diz que "os alunos de hoje não são mais os mesmos"? Aliás, trata-se de uma informação absolutamente óbvia – alguém que diz uma coisa dessas está demonstrando pelo menos um mínimo de sanidade. (Distúrbio de fato é alguém que diz isso e continua dando aula do mesmo jeito que dava há 10 anos, ou há 20 anos, porque se o professor sabe que os alunos não são os mesmos, como é que continua fazendo do mesmo jeito?)

Vez ou outra, obscurecemos as nossas dificuldades, até fingindo uma competência exemplar, mas há muitas fragilidades a serem corrigidas. A questão é que nem sempre isso vem à tona, pois a nossa atividade avalia muito, mas é pouco avaliada; nossos equívocos demoram um pouquinho para aparecer. Aliás, nós não apreciamos muito a prática de nos avaliarem. Não gostamos nem que olhem pela janelinha de vidro que existe em muitas portas de salas de aula nas quais trabalhamos. Há pessoas que, por exemplo, quando a comunidade começa a legitimamente opinar na escola, ficam irritadas e reagem com o clássico "esse povo não entende nada de Educação e fica aí palpitando".

Pode-se argumentar que há exagero nessa constatação, mas basta observar amiúde a sala dos professores na hora do intervalo e prestar atenção em algumas das nossas conversas. Está lá, digamos, o professor de uma disciplina qualquer da sétima série, que diz assim: "esses alunos vêm da sexta série sem saber nada, eles não têm base nenhuma". Na mesma sala está o professor da sexta série, que fala: "você precisa ver como é que eles vieram da quinta". Grita lá do fundo uma professora da quinta: "imaginem como eu os recebi vindo da quarta". E vai-se recuando quase até a vida intrauterina da criança para achar a responsabilidade.

Tem gente que acha que Educação é o crime perfeito: só tem vítima, não tem autor.

Não é verdade.

MANTENHA DISTÂNCIA

A contaminação dos propósitos e a corrupção da lisura degradam a honestidade imprescindível à Educação. Para não deteriorar as intenções, a sinceridade precisa estar ativa no convívio docente.

No século I a.c., Horácio – poeta latino, filho de erudito ex-escravo e patrocinado pelo primeiro imperador romano, Augusto (outrora Otávio e que dá origem ao nome do mês agosto) – escreveu importante obra literária, sempre preocupada com a defesa e exaltação das virtudes. Entre esses escritos, encontram-se as Epístolas e, na primeira delas, uma aparente obviedade: *Sincerum est nisi vas, quodcumque infundis acescit* (Se a vasilha não estiver limpa, tudo o que se puser dentro azedará).

Imundo o recipiente, conteúdo contaminado. Isso é evidente? Nem sempre. A expressão vale para pessoas e, mais ainda, para os que partilhamos a Educação como profissão e vida. Não é incomum nos depararmos com gentes variadas que têm assumido uma prática educativa ou política na qual a sinceridade se ausenta e o cinismo e o menosprezo silencioso ganham virulência.

É por isso que acima a citação foi grafada em latim. Não para demonstrar uma sofisticação pedante, mas para destacar exatamente o primeiro termo da sentença: *sincerum* (como limpeza e pureza). Latinos usaram por muito tempo a palavra "sincero" como sinônimo de "sem mancha", "sem nódoa", e uma das explicações possíveis para esse sentido era popularmente o consumo de mel puro, sem mistura e sem cera (*sine cera*). Há, no entanto, outra vertente esclarecedora: no teatro romano, os atores passavam sobre o rosto uma mescla de cera com pigmentos vegetais, criando uma espécie de película que esconde o rosto. Daí que sinceridade indica a inexistência de máscara, de "duas caras".

Ora, quando desponta a urgência de revigorar os processos pedagógicos e fazer da ação educativa uma força efetiva para a construção coletiva da solidariedade, da fraternidade e da dignidade, alguns entre nós colocam em risco tal empreita ao assumirem um comportamento de falsa adesão às decisões e esperanças coletivas, alimentando um boicote camuflado. São os que fingem acreditar, fingem trabalhar, fingem educar.

Alinhava-se ali, nessas circunstâncias, uma não intencional conspiração, mesclando hálitos e hábitos de oportunismo e tibieza. Nascida da impostura e do disfarce, essa conspiração se apresenta publicamente como reflexão crítica, mas, internamente, é mero desprezo às convicções do grupo e incompetência face às mudanças socialmente necessárias. Afinal, quando uma reflexão crítica é séria, procura saídas, em vez de render-se continuamente a obstáculos reais ou inventados. É preciso distinguir o senso crítico de simples lamentação negligente, de modo a não aviltar o ofício.

É preciso muito cuidado para não ser enredado na admoestação feita pelo Padre Antônio Vieira, que inicia um de seus sermões com a terrível frase: "O peixe apodrece pela cabeça". O apodrecimento é sempre perda da vitalidade, sinal de desistência ou de negligência e, evidentemente, enfraquece nossa tarefa. As dificuldades são tantas em Educação que não temos mais tempo a perder com desvios inúteis.

É preciso ir direto ao ponto, é fundamental não perder o foco.

Uma tarefa inadiável é desmascarar as dissimulações e repelir a latente hipocrisia.

O AMOROSO SILÊNCIO

Poucas vezes, nas duas décadas mais recentes, deixamos de ouvir nas escolas, especialmente nas de Educação Infantil, a gostosa música *Aquarela*, junção do trabalho dos italianos Maurizio Fabrizio e Guido Morra e dos nossos Vinícius de Moraes e Toquinho, interpretada pelo último, este grande – negando o quase carinhoso apelido – compositor e violonista.

Seja nas festividades da primavera, seja no aniversário da escola, seja ainda pela mera e essencial alegria, é muito comum as crianças ensaiarem intensamente durante semanas, com a paciência e vitalidade pedagógicas que a docente ou o docente precisam ter. Até que, no especial dia, os pequenos vestidos com múltiplas cores e segurando adereços que lembram flores e matizes, ecoam plenos de beleza pelo prédio os versos iniciais: "Numa folha qualquer / Eu desenho um sol amarelo / E com cinco ou seis retas / É fácil fazer um castelo".

Nos meus caminhos como educador, há 40 anos visito escolas como colega, palestrante ou, com maior frequência, quando fui gestor público da Educação municipal paulistana.

Por isso, pude assistir a dezenas e dezenas de momentos nos quais alunas e alunos nos brindaram com essa música, cantando felizes e exultantes, passando pelos versos finais "Vamos todos numa linda passarela / De uma aquarela / Que um dia, enfim, descolorirá" até repetir a frase inicial, encerrando a canção, mas deixando a emoção perdurar.

No entanto, essa emoção que advém de infantes cantarem, engravidando nossos ouvidos e olhos com a possibilidade do simples belo, foi em certa ocasião infinitamente multiplicada por um falso e proposital silêncio. Infante é uma palavra originada do latim e significa "aquele que não pode falar ou que ainda não fala". Mas e quando não falar é escolha amorosa?

Era uma festa de comemoração pelo término da reforma completa de uma escola pública destinada a crianças portadoras de deficiência auditiva; por coincidência, a festa comunitária foi na sexta-feira que antecedia o Dia das Mães naquele ano de 1992 e, por isso, os dois motivos se agregaram de forma solene na quadra esportiva transformada em palco a céu aberto. Mal começa a celebração, alto-falantes reproduzem o disco com Toquinho cantando *Aquarela*, e lá vem uma classe inteira postar-se frente ao tablado onde estávamos. Para a surpresa dos que não conhecemos bem o trabalho e o mundo dos que têm surdez profunda, todas as crianças dançaram os sons e a melodia encheu-se de movimentos.

Porém, o que mais chamou a minha atenção foi um menino bem maior do que os outros e que dançava animado, na ponta lateral do grupo, usando a linguagem de sinais para um casal sorridente que tudo acompanhava na beira da quadra. Curioso, perguntei à diretora quem era aquele que parecia estar muito fora da faixa etária do restante.

Contou-me ela: não era surdo. Estava aprendendo e aquarelando também ali para poder se comunicar sempre com os pais, pois eles, sim, nada ouviam.

LIÇÕES DE CAUSA

Não se pode esquecer jamais a força das convicções em função das quais somos educadoras e educadores. Algumas vezes há um esmorecimento do sentido das nossas práticas, o que nos aproxima da má cumplicidade.

Está lá no *Grande sertão: Veredas*, e Guimarães Rosa não nos abandona: "A vida inventa! A gente principia as coisas, no não saber por que, e desde aí perde o poder de continuação – porque a vida é mutirão de todos, por todos remexida e temperada".

Vida, mutirão de todos! Educação é, também assim, mutirão.

Bela palavra essa; significa a reunião de gentes variadas para trabalhar solidária e graciosamente, ajudando a quem precisa terminar uma obra. Mutirão, obra de muitas mãos, é vocábulo que nasce do tupi exatamente assim: *potyrom* (por as mãos juntas).

Mãos juntas! Piegas? Jamais. Seria piegas se fosse uma vontade fútil ou vã esperança. Perigo grande esse de apontar pieguismo naquilo que precisa ser a razão de vida para os que na lida educativa estamos; o perigo está em afundar-se no conformismo e supor que as coisas são do único modo como podem ser.

Cautela! Há uma exaltação contínua da ética do "possível" que, antes de tudo, entorpece o vigor do desejo de um futuro diferente e coletivamente melhor.

Por isso, recupero aqui parte do que escrevi com maior densidade no meu *Qual é a tua obra?* (Vozes). Basta ver que, no nosso idioma, é muito comum que alguém, quando recebe um pedido, responda: "Farei o possível"... Ora, isso é desanimador; fazer o possível é fazer o óbvio, pois o impossível não pode mesmo ser feito, dado que, assim não fosse, impossível não o seria.

Já imaginou? Estou diante de um médico que acaba de proferir um diagnóstico complicado sobre a minha saúde, e eu pergunto se há saída, e ele responde: "farei o possível..." Ou, de outro modo, o pai de uma criança nos pergunta na escola se podemos apoiar mais a filha com distúrbios de aprendizagem e, súbito, falamos: "faremos o possível..."

Nessa hora, é melhor recorrer ao espírito mais combativo presente na resposta usada amiúde em inglês: *I will do my best!* Farei o meu melhor! Há evidente diferença de impacto entre as duas expressões: "fazer o possível" tangencia a submissão às circunstâncias, enquanto "fazer o melhor" sugere uma dedicação mais enfática e, claro, menos resignada.

Em Educação não dá para ficar resvalando pelo possível; seja nas políticas públicas, seja nas ações privadas como docentes, o melhor deve ser a nossa causa. Essa é, de fato, uma lição de causa. Qual melhor? O melhor possível, mas sempre o melhor. Como "melhor possível" se não temos ainda as condições materiais, pedagógicas e profissionais? É exatamente assim: se não as temos (ainda), enquanto isso o melhor precisa ser inventado em mutirão.

É necessário lembrar: o melhor, tal como a excelência, não é um lugar ao qual se chega; é um horizonte. Se supusermos ter chegado ao melhor, estamos apenas dentro do possível, dado que o melhor está sempre além e, desse modo, urge buscá-lo, para não deixar a vida oca, sem causa.

Advertiu o escritor espanhol Leon Daudi (1905-1985) em frase séria: "O curioso é que a vida, quanto mais vazia, mais pesa".

PAULICEIA MAGISTRAL

Uma ode a São Paulo, uma cidade incessante. Uma educação municipal que carrega esse passado só pode ter um grande futuro. São Paulo, cidade magistral! A única das imensas megalópoles do mundo contemporâneo que nasceu a partir de um colégio com uma capela, em vez de surgir – como suas outras irmãs metropolitanas pelo planeta afora – no ventre de um forte, castelo ou quartel. São Paulo, cidade magistral mesmo, em dois dos sentidos básicos que a palavra nos remete: mestra e magnífica.

Magnífica obra humana, muitas vezes cruel, sempre vital, eventualmente abundante. Uma cidade que educa a nossa atribulada convivência e resiste, tal como uma idosa e paciente docente, ao desapreço de muitos, enquanto é admirada e respeitada por tantos. Alguns nela conseguem aprender a urgência da solidariedade e o lugar da individualidade em meio à multidão em desvario; outros sucumbem ao desatino egocêntrico e querem esgotar os meios como se fossem proprietários exclusivos, sem entender que são apenas usuários compartilhantes.

Cidade mestra! Fundada em 1554, São Paulo é a cidade em que vivo e revivo desde o final do ano de 1967. Cheguei ainda adolescente (vindo do Paraná) e nunca imaginei naquela época que um dia teria a honra de assumir a tarefa de dirigir a rede municipal de ensino (primeiro na equipe de Paulo Freire em 1989 e 1990 e, nos dois anos seguintes, quando ele foi para outras atividades, coordenando a mesma equipe por ele formada). Mais honrado ainda me senti ao saber que essa mesma rede de escolas teve o seu início com um incomparável homônimo: Mário de Andrade.

Na década de 1930, o escritor Mário Raul de Morais Andrade (1893-1945), foi o primeiro diretor do Departamento de Cultura da Prefeitura de São Paulo (cidade na qual nasceu e morreu) e trouxe do exterior, dando-lhe um jeito nacional, uma revolucionária e aqui ainda inédita forma de acolher e educar crianças: os parques infantis que, mais tarde, resultaram nas Escolas Municipais de Educação Infantil (EMEIs), compondo assim a maior rede pública do país com escolas dessa natureza.

Já pensou? Uma cidade – a desvairada pauliceia como ele a chamava – teve o privilégio de tê-lo como professor catedrático do Conservatório Dramático e Musical, criador do Coral Paulistano e da Discoteca Pública, escritor inesquecível, lírico contumaz (um ano após a sua morte, saiu a coletânea de poemas *Lira paulistana*) e, como culminância, o idealizador e inspirador de uma concepção de Educação inicial que hoje continuamos a admirar.

Se a cidade surgiu de uma escola do também poeta José de Anchieta e teve o embrião de sua exuberante rede municipal de ensino no ventre criativo de um de seus filhos mais geniais, esse é, sem dúvida, um belo prenúncio para o futuro.

Cidade mestra! Muito a aprender e muito a ensinar.

FAMÍLIA, AUTORIDADE E ESFORÇO!

Há uma parte do mundo adulto, entre aqueles que estão criando crianças e jovens, que está muito acovardada em relação às tarefas que tem de fazer, muito conformada e recolhida e usando muito a frase: "O que eu posso fazer? Eles são assim".

Esse tipo de acovardamento e enfraquecimento é muito danoso, pois ele faz com que a relação com as novas gerações não seja formativa, mas uma relação de subordinação, o que é extremamente ruim para qualquer geração, inclusive para a que está sendo formada.

Por isso, num mundo de mudanças em alta velocidade, é preciso que pais e mães atualizem o seu modo de ação em relação ao mundo que aí está, mas que deem como ponto de partida a atitude de maior firmeza em relação ao que têm de fazer. Quando falo em firmeza, não me refiro à brutalidade e violência, mas à capacidade de não transigir e abrir mão daquilo que precisa ser tomado como tarefa por quem tem, sim, a responsabilidade de fazê-lo.

Isso exige humildade para que se possa entender que há coisas que ainda não sabemos fazer, mas também exige iniciativa e proatividade para que não deixemos de fazer o que tem de ser feito.

Desse modo, para evitar a complacência, é preciso que ao menos três trilhas sejam percorridas.

A primeira é que pais não entendam que a gente deva agir de forma isolada. É preciso participar de grupos de pais, se atualizar com leitura, buscar a formação na escola que os filhos têm para que haja a formação coletiva. A atividade paterna/materna não pode ser isolada e ninguém nasce com um receituário pronto para isso. É preciso partilhar experiências fazendo o que já se fez em outros tempos quando, ao viver em comunidade, as pessoas trocavam ideias sobre as condutas e os procedimentos.

A segunda é acompanhar os filhos naquilo que é o mundo digital hoje. Você não precisa ser alguém que tenha presença nas redes sociais, mas tem de ser alguém capaz de passear por elas para poder acompanhar um pouco um dos territórios em que seus filhos caminham.

E em terceiro lugar está a capacidade de entender que precisamos fazer uma distinção entre aquilo que é antigo e o que é velho. Algumas coisas são antigas, mas não são velhas. A autoridade é antiga, mas o autoritarismo é velho. A capacidade de convivência amorosa é antiga e o falseamento do afeto feito em forma de permuta comercial, soterrando as crianças com presentes, é uma coisa velha. Nessa hora, atualizar não é só ir buscar aquilo que é novo, mas aquilo que é antigo também.

Os pais (e muita gente na docência também!) têm de entender que a ideia de disciplina e convivência ordenada é decisiva; afinal, como gosto sempre de lembrar, a disciplina é a organização da liberdade e não o impedimento dela!

Ora, criar gente dá trabalho e, quando dá trabalho, é preciso um esforço adicional. Quando se vai exercer autoridade sobre alguém, você precisa sustentar essa ação. E ao sustentar a autoridade é preciso arcar com a consequência dessa sustentação. Se tenho uma criança que faz birra em público e não quero que ela faça, vou levá-la para casa e vou ter de cessar o que estava fazendo para poder tomar conta exatamente daquela situação.

Trabalho de "parto" não termina na maternidade...

NADA DE ARROGÂNCIA E BAJULAÇÃO...

A rrogância é algo muito perigoso, ainda mais em educação escolar; é um campo muito complexo para que você ou eu achemos que ela possa ser simplificada ou superficialmente refletida.

Por isso, vale demais prestar atenção no conselho de Millôr Fernandes: *"Se você não tem dúvidas é porque está mal-informado"*.

Se há uma atitude necessária a você e a mim, como professor e professora do século XXI, é sermos capazes de retomar um pensamento do século V a.C., atribuído ao grande pensador Sócrates. Entre muitas coisas boas, também é conhecido por ensinar: *"Só sei que nada sei"*.

Sócrates não era tonto. Ele não disse "só sei que nada sei" para dizer que ele nada sabia. Porque nada saber significaria fingir modéstia. Sócrates era conhecido no século V como "o mais sábio dos atenienses". Se ele dissesse "só sei que nada sei" querendo dizer, de fato, que nada sabia, seria falsa modéstia. Se tem uma coisa horrorosa na vida é falsa modéstia.

Na convivência com Paulo Freire, um dos grandes aprendizados que pude ter foi sua modéstia especial, que não era uma modéstia fingida. Se alguém chegasse para ele: "Gosto demais do senhor", sabe o que ele falava? "Obrigado". Tem gente que, quando você elogia, finge modéstia, e te obriga a elogiá-la de novo.

E se tem uma coisa horrorosa é a modéstia fingida, porque ela é uma forma canalha de relação. Você fala: "Que bonito o teu cabelo". Ela fala: "Que nada, são os teus olhos". Aí você tem de falar de novo: "Não, mas está bonito mesmo". "Não, são os teus olhos".

Toda pessoa que exerce, como é o nosso caso, alguma autoridade sobre outras pessoas, precisa evitar ao menos duas coisas: primeiro, falsa modéstia, porque isso é uma forma de canalhice; segundo, bajulação.

Se há uma coisa que me prejudica, se eu sou um gestor, é bajulação. Porque quem me bajula perturba a minha visão crítica. A pessoa que me bajula fica o tempo todo tentando me mostrar que eu sou "o cara". E como eu não sou, se eu começar a achar que sou, eu me distraio e deixo de ser de vez.

Como nenhum e nenhuma de nós faz tudo certo o tempo todo de todos os modos, quem nos bajula obscurece a nossa capacidade crítica. E eu e você só conseguimos fazer melhor se temos visão crítica.

Todas as vezes que tive ou tenho alguma relação de comando ou de gestão sobre outras pessoas, começo pedindo: "Por favor, não me bajulem, porque senão eu vou achar que estou fazendo tudo certo e aí vou começar a fazer errado".

Desse modo, quando Sócrates dizia "só sei que nada sei", é claro que ele estava querendo dizer: "só sei que nada sei por inteiro", "só sei que nada sei por completo", "só sei que nada sei que só eu saiba", "só sei que nada sei que o outro não saiba", "só sei que nada sei o que o outro possa vir a saber". No fundo, Sócrates estava fazendo uma demonstração de humildade.

Humildade é diferente de subserviência. Uma pessoa subserviente é aquela que se dobra a qualquer coisa, aquela que se acovarda, aquela que se humilha, não é aquela que é humilde.

COM PROPÓSITO, SEM LAMÚRIA

Encontrar propósito em tudo o que fazemos! Para quê? Para não ter uma existência automática, descartável. O propósito pode ter como ponto de partida desde o mais básico, como a sobrevivência material, até uma condição mais elevada, que é encontrar a si mesmo naquilo que se faz. Nenhum de nós é capaz de existir sem a perspectiva de um propósito, de uma razão. Quem assim o faz – ou seja, quem não tem um desígnio, um plano, uma meta em vista – está existindo de um modo robótico. É um sinal de perda da própria identidade e, acima de tudo, de perda do sentido da vida. Nessa hora, a infelicidade chega com muita força.

O propósito não necessariamente é uma causa. A razão inicial no mundo do trabalho é a sobrevivência material. Não fosse assim, eu não procuraria um emprego – dedicaria todo o tempo a um trabalho voluntário, no qual não tivesse um retorno financeiro. Sou professor há décadas e faria de graça o que faço, mas não posso, porque preciso de sustento. Nesse sentido, embora meu ideal seja elevado, ele existe a partir do meu vínculo profissional remunerado.

Contudo, não é esse um vínculo decisivo e exclusivo; almejamos relevância social e aceitação.

Aceitação e reconhecimento não são a mesma coisa. Eu posso desejar reconhecimento por intermédio de retorno financeiro, por exemplo, e isso não está relacionado à aceitação. Mas a ideia de reconhecimento está ligada a aceitação. Afinal de contas, uma pessoa se sente mais acolhida numa comunidade se ela entende que é importante ali e que os outros enxergam nela alguém que tem alguma contribuição a fazer ao meio. A procura pela aceitação não é imaturidade, é sinal de inteligência. Ninguém em sã consciência gostaria de viver em uma comunidade sem que nela fosse amparado. Evidentemente que eu, para ser aceito em um grupo que não é igual a mim, preciso abdicar de algumas coisas que estão no meu modo de ser. Isso faz parte da convivência, da diplomacia. Não significa de modo algum que eu anule a minha identidade. Se alguém é excluído de uma comunidade, se sente diminuído e busca o tempo todo a aceitação dos outros, acaba anulando a própria personalidade para conseguir o que deseja.

Pode ser que, em alguns momentos, o que tenho de fazer, e não tenho como deixar de fazer daquele modo, resulte em insatisfação e desencontro comigo mesmo. No entanto, quando se é capaz de dar a essa situação o caráter que ela pode ter, que é o da provisoriedade, entende-se que isso é uma circunstância, e não algo imutável.

Não significa deixar de se dedicar, apenas saber que aquilo é uma transição, um período de um, dois, dez anos que, em algum momento, pelo seu esforço e pela sua intenção, vai levar você a sair desse invólucro. Isso significa, antes de tudo, que há pessoas que não podem fazer uma escolha livre agora, mas podem construir as condições necessárias para que essa opção seja feita no futuro.

Nesse sentido, a própria ideia de libertar-se das amarras é um dos propósitos que alguém pode ter. E existem vários exemplos de gente que consegue pavimentar estradas possíveis. E há pessoas que se conformam, se acovardam, se diminuem e ficam detidas, como se vivessem em prisão domiciliar dentro delas mesmas.

Para alguns, essa situação é muito confortável, porque permite ficar um bom tempo lamentando, em vez de agindo. O estado de lamentação é algo extremamente confortável para quem não quer agir, arriscar, decidir.

QUAIS SÃO TEUS PLANOS PARA O FUTURO?

Meu avô Ettore, em todas as vezes que o encontrava pessoalmente quando criança, fazia para mim duas perguntas. Uma tem a ver com a vida que é muito curta, e outra, com o que é fundamental e essencial.

A primeira: *"Quais são teus planos para o futuro?"* Fiz isso com meus filhos e hoje faço com meus netos, para não deixar que se acalmem com relação a também pensar o futuro; não é viver o futuro agora porque isso conduz a um sofrimento pela impossibilidade, mas pensar nele como sendo o lugar onde vamos estar.

A segunda pergunta dele era: "Na vida, o que você vai querer? Ser o mais rico do cemitério?" Isso impactava e ainda persiste, pois nos faz pensar o quanto o fundamental tem seu lugar (dinheiro, carreira, patrimônio etc.), mas não pode ser nem exclusivo e nem aquele que ocupa toda a nossa existência. O fundamental ajuda a chegar ao essencial, mas ele, em si, não o é; o essencial é a amorosidade, a fraternidade, a solidariedade, a sexualidade, a religiosidade, a felicidade...

Em uma lembrancinha que a alguém ofereço, o que vale é ter lembrado, por isso a lembrança. O que será transportado na lembrança, que é o objeto material, é absolutamente secundário e, neste sentido, o mundo do essencial é primário, é aquilo que está na fonte. O fundamental é secundário.

Com o essencial como horizonte, prepare o futuro! A frase chinesa antiga é verdadeira: toda caminhada começa com um passo, mas ele tem de ser dado.

A pessoa que tem projetos e planos e acaba se frustrando pode ter cometido dois equívocos: o primeiro deles é ter colocado um objetivo além da sua condição, e isso gera frustração. Há uma diferença na vida entre sonho e delírio. Sonho é o desejo que pode ser realizado, delírio é o desejo sem possibilidades.

Na vida, é preciso sonhar, mas o delírio leva a uma frustração imensa. Por outro lado, além de as pessoas esquecerem que elas precisam de um objetivo muito nítido, elas têm de lembrar que é necessário ter iniciativa. Não basta sentar e achar que as coisas chegarão, é preciso que elas entendam que a sorte segue a coragem. A pessoa tem de ter coragem para partir, e essa deve ser uma coragem preparada, meditada, estudada; e quanto mais coragem e preparo você tem, mais a "sorte" chega até você.

Planos para o futuro? Sempre! Mas é necessário que sejam factíveis e flexíveis.

Ter planos é bom, mas um dia Publílio Siro escreveu: "Um plano que não pode ser mudado não presta". Um plano não é um cabresto, não é algo que você faça e não tenha possibilidade de alteração. Um plano tem de ser passível de possibilidade, ele não pode ser marcado pela volubilidade, isto é, bateu o vento, ele muda, mas ele tem de ser flexível.

Existe uma coisa na vida chamada imponderabilidade. O imponderável não é o inevitável, ele é o inesperado que, vez ou outra, deve-se levar em conta que ele poderá vir à tona: eu não tenho todo o controle sobre aquilo que penso, desejo e vou fazer. Seria uma arrogância imensa imaginar isso;

contudo, embora não tenha todo o controle, algum controle tenho, e então é preciso que eu elabore planos claros, alegres, decentes, e, acima de tudo, factíveis, realizáveis, senão, o que eu vou ficar é frustrado, adoentado e melancólico.

Essa, sim, é a vida que vale a pena, e não uma vida em que eu somente acumule, uma vida na qual, quando eu me for, eu possa olhar, se der tempo, para minha trajetória e imaginar: que bom ter existido, que bom que eu não vivi de forma mesquinha, de forma egoísta, de forma tola, que eu pude aprender, partilhar, conviver, pude ter emoções – algumas que eu não queria ter porque elas eram negativas, mas que eu vou deixar para trás e não fiz com que elas me dominassem...

E ESSA TAL FELICIDADE?

F elicidade é uma vibração intensa em que você sente uma vitalidade exuberante, mas não é um estado contínuo, pois a felicidade não é constante. Se a felicidade fosse contínua, nós não a perceberíamos. Porque grande parte daquilo que para nós é prazeroso vem da ausência. Felicidade são instantes e episódios em que você sente a vida te levar ao máximo. Alguns entendem felicidade como a possibilidade de uma vida comum, com partilha, de simplicidade sem miséria, em que a gente possa ter a possibilidade de não ser infernizado pelas circunstâncias que o mundo coloca. Mas não há um único modo de ser feliz.

A maior parte de nós erra quando busca a felicidade em algo que não a oferece, no que é secundário. A felicidade vem daquilo que é essencial. Muita gente confunde essencial com fundamental.

Há pessoas que acham que a felicidade é a posse de bens materiais. Mas isso produz uma felicidade muito rasa, porque é muito momentânea, episódica, muito veloz. Assim, a pessoa entra num processo obsessivo de imaginar que a consumolatria (idolatria do consumo), a posse contínua de coisas, é que vai deixá-la feliz. E a deixa, isso sim, num estado de ansiedade muito grande.

Uma pessoa que é carente em excesso de amorosidade, isto é, que tem a sensação de abandono ou que tem o amor pela metade – e aí não é amor, é afeto –, é uma pessoa que tem menos condições de admitir que a felicidade pode vir à tona. A pessoa que ama bastante e é bem-amada permite que coisas aparentemente banais, do dia a dia, possam despontar em sua vida. Porque o amor produz encantamento, e a felicidade tem como um dos seus veículos o encantamento. Tem uma frase do filósofo e sociólogo Erich Fromm de que gosto muito: "o amor imaturo diz 'eu te amo porque preciso de você', e amor maduro diz 'eu preciso de você porque eu te amo'". No amor imaturo, a causa do amor é a necessidade, e no amor maduro, a amorosidade.

A felicidade precisa ser simples. Se a felicidade não for simples, se ela for adornada em excesso, se ela for inchada de coisas desnecessárias dela mesma, a felicidade não será felicidade, ela é um inchaço de situações. Simples não é o simplório, mas aquilo que não necessita do inútil.

A Filosofia tem uma fórmula antiga, que serve até de anedota na própria Filosofia. *Felicidade é igual a Realidade menos Expectativas* Isto é: F = R - E.

Eu gosto muito de uma frase que o norte-americano Ted Turner, fundador do canal CNN, disse: "Deseje o melhor e prepare-se para o pior".

Isto é, teu desejo tem que ir na direção daquilo que é melhor. Mas você não pode estar despreparado para aquilo que é adversidade; alegrias e agonias, agonias e alegrias.

NA PARTIDA...

Em 1985, nosso insubstituível Milton Nascimento lançou o álbum *Encontros e despedidas*, em que gravou canção do mesmo nome, composta em parceria com Fernando Brandt. Desde aquela época, ao ouvi-la ou cantá-la, me vem à mente nosso trabalho em educação escolar, especialmente quando nos encontramos nos eventos, nas escolas, nas reuniões, nos sindicatos, pelas ruas etc.; pela vida, enfim.

Não consigo fruir esta música sem imaginar-me na escola (qualquer uma delas pelas quais passamos na vida), com colegas, olhando o movimento, a turbulência, os ruídos e os silêncios; o verso longo que mais me faz reviver o torvelinho escolar, com encontros e desencontros, chegadas e partidas, saudações e despedidas, é: *"Todos os dias é um vai e vem / A vida se repete na estação / Tem gente que chega pra ficar / Tem gente que vai pra nunca mais / Tem gente que vem e quer voltar / Tem gente que vai e quer ficar / Tem gente que veio só olhar / Tem gente a sorrir e a chorar"*...

Essa melodia me traz certa paz interior, aquela prazerosa sensação mental – ainda que provisória – na qual há uma aparente suspensão do fluir do tempo, permitindo um distanciamento das aflições cotidianas e uma recusa momentânea às perturbações que o existir nos oferta.

Nossa existência é gratuidade; sabemos isso, sentimos isso. Existimos, cada uma e cada um, sem que haja uma razão explícita e evidente desde o princípio e sem que nos digam o que somos. A vida, nossa vida, mescla virtudes e vícios, desejos e necessidades, bens e males; enquanto vivemos, procuramos afastar o sofrimento e procuramos incessantemente a paz de espírito e o repouso da mente que tudo sente e nem sempre tudo entende.

Qual a mais fulcral das nossas inquietações? Pode parecer excessivamente abstrata, mas está lá, desde a nossa origem como espécie consciente: Por que é que existe *alguma coisa* em vez de *nada*? Ou seja, por que tudo existe, no lugar de não existir?

A essa indagação a humanidade procura responder há milênios e há quatro grandes fontes que inventamos para construir a resposta: a Ciência, a Filosofia, a Arte e a Religião. A Ciência procurando os "comos", a Filosofia à cata dos "porquês", a Arte e a Religião escavando "as obras perenes".

Sofrer, participar, aproveitar, padecer. Depois, como tudo o que vive, deixar de viver? O que gritam a Arte e a Religião? Existir em direção ao provisório, ao passageiro, ao transitório? Não faz sentido!

Mas precisa fazer sentido, pois, do contrário, vida sem razão, sem porquês, sem beleza? Beleza? Sim; o Belo é o que nos dá vitalidade, nos fluidifica a Vida; o Belo garante menos provisoriedade, pois parece que, quando diante dele, o tempo cessa e agarramos o instante para que nada mais flua além do momento pleno. Isso vai desde uma "bela pessoa" até uma "bela macarronada", passando pela "bela paisagem", o "belo dia", a "bela oração", a "bela música", a "bela aula", a "bela escola".

Belo é o que emociona, mexe conosco, seja pelo êxtase, pelo incômodo, pela admiração, pela alegria, pela meditação, pela vibração. Por isso, para nós, o

Belo é sagrado, pois o Sagrado é o que faz a Vida vibrar em nós, e nos leva a respeitar o Mistério.

Bela profissão essa nossa!